Wilhelm von Siemens
Die Freiheit der Meere

SEVERUS Verlag

ISBN: 978-3-95801-602-6
Druck: SEVERUS Verlag, 2017
Nachdruck der Originalausgabe von 1917
Satz und Lektorat: Franziska Christiansen

Der SEVERUS Verlag ist ein Imprint der Diplomica Verlag GmbH.
Bibliografische Information der Deutschen Nationalbibliothek:
Die Deutsche Nationalbibliothek verzeichnet diese Publikation in der Deutschen Nationalbibliografie; detaillierte bibliografische Daten sind im Internet über http://dnb.d-nb.de abrufbar.

Wilhelm von Siemens

Die Freiheit der Meere

Eine der großen Tatsachen dieses Krieges ist die Unfreiheit der Meere, durch welche die Entfesselung desselben, Eigenart, Verlauf und Dauer in wesentlich mitentscheidender Weise beeinflusst worden ist. Nicht weniger entscheidend wird dieser Einfluss auf den Ausgang des Krieges und auf den Friedensschluss sein. Die Unfreiheit der Meere verdankt ihr Dasein der Seemacht. Noch niemals war daher das Meer bisher frei gewesen, es sei denn für diejenigen, welche die Macht auf den Meeren ausübten. In diesem Kriege ist aber die Bedeutung der Unfreiheit zu besonders augenfälliger Wirkung gelangt. Das Seerecht hat in seinen langen Bemühungen an diesem Zustand der Unfreiheit nichts Wesentliches geändert. Seine Aufgabe bestand auch nicht darin, die Verkehrswege auf den Meeren frei zu machen, sondern hauptsächlich in der Schaffung einer bestimmten Ordnung, um Verwicklungen zwischen den auf der See Kriegführenden und den am Krieg Unbeteiligten zu vermeiden. In früherer Zeit bestand eine solche Ordnung nicht, wodurch dem Piraten-, Seeräuberwesen und der Kaperei das Feld geöffnet war. Es war ein wesentlicher Gewinn des Seerechtes, dass es fortan nur einer legitimen Kriegsmacht unter Verantwortlichkeit der Regierung des kriegführenden Landes gestattet wurde, Handelsschiffe in ihrer Freiheit des Verkehrs zu beeinträchtigen.

Das Seerecht bemühte sich dann weiter eine Grenzlinie zu ziehen zwischen den Ansprüchen der Kriegführung auf der See und den Bedürfnissen des Handelsverkehrs. Die Neutralen, d.h. die am Krieg Unbeteiligten, wollten mit ihrem Seeverkehr nicht in die Kriegswirren verwickelt werden, da der Krieg und der Handel sich auf den gleichen Straßen abspielt. Auf der anderen Seite wollte der Kriegführende seine Seemacht voll ausnutzen zur Bekämpfung und Schädigung des Gegners und deshalb die Versorgung desselben mit Gütern auf dem Seewege, sei es durch gegnerische, sei es durch neutrale Schiffe, nicht zulassen. Das Seerecht hat seinerseits nicht erstrebt, die Seemacht in ihrer eigentlichen Kriegführung zu behindern und die Durchsetzung ihres Kriegszieles zu erschweren oder etwa zu vereiteln. Besonders konnte es auch gar nicht in Frage kommen, die Suprematie der englischen Seemacht durch ein internationales Seerecht einzuschränken Dazu hätte England auch nicht die Hand geboten, und hieraus folgt schon von selbst, dass das Seerecht nicht die Aufgabe haben konnte, das Meer frei zu machen. Wohl aber konnte das Recht sich die Aufgabe stellen, die Beschränkung der Freiheit für den nicht am Kriege beteiligten Handelsverkehr über das vom Krieg nicht verlangte Maß hinaus zu verhindern und an Stelle der Willkür des Kriegführenden eine verabredete Ordnung zu setzen.

Einen Teil dieser Ordnung bildet das Recht der effektiven Blockade, durch welche dem neutralen Handel der Zutritt zu den blockierten Küsten verwehrt wird. Ein anderer Teil bezog sich auf die Beschränkung des neutralen Handels durch Bestimmungen über die Bannware. Geist und Inhalt dieser Bestimmungen beruhten auf der Voraussetzung, dass der Krieg eine Angelegenheit der Heere und Flotten ist. Die Bannware umfasst in diesem Sinne solche Güter, welche der Kriegführung dienen und dem Kriegführenden militärischen Nutzen bringen. Da aber nur ein Teil der Güter des Seeverkehrs von dieser Beschaffenheit war, ein anderer Teil dieselbe nicht besaß und wieder bei einem anderen Zweifel vorhanden waren, so gelangte das Seerecht im Laufe der Zeit trotz manchem Widerspruch von Seiten der Theoretiker zu einer Dreiteilung in der Klassifizierung der Güter hinsichtlich ihrer militärischen

Geeignetheit und unterschied unbedingte (absolute) und bedingte (relative) Bannware, zu welchen die Liste der Freigüter hinzutrat. Auch die letzte Verlautbarung des Seerechtes, die »Londoner Deklaration«, hielt an dieser Dreiteilung fest. Die bis dahin am meisten bestrittene bedingte oder relative Bannware erhielt durch die Deklaration sogar ihre besondere Legitimation, da die Deklaration die erste zusammenfassende Kodifikation des Bannwarenrechtes herausgab.

Man glaubte also, dass durch eine solche Behandlungsweise der Bannwarengüter sowohl die Kriegführung als auch der neutrale Handel in ihren Interessen befriedigt sein würden, und dass ein der Billigkeit entsprechendes Kompromiss erreicht worden wäre. Die Bestimmungen sicherten den Kriegführenden das Recht, Güter der unbedingten (absoluten) Bannware zu beschlagnahmen, wenn sie für das feindliche Gebiet bestimmt waren, und gegen Güter der bedingten (relativen) Bannware ebenso vorzugehen im Falle des Nachweises ihrer Bestimmung für die feindliche Staatsgewalt oder deren Kriegsmacht. Es blieb also dem neutralen Handel der Weg offen, die Zivilbevölkerung der kriegführenden Staaten mit Gütern aller Art zu versorgen, mit Ausnahme der Bannware gemäß den hierfür aufgestellten Bestimmungen.

Die große Dehnbarkeit der Bestimmungen über die bedingte Bannware war allerdings schon im russisch-japanischen und im italienisch-türkischen Kriege praktisch hervorgetreten. Hier zeigte sich bereits, wie wenig brauchbar eine Rechtsordnung ist, die in jedem besonderen Falle die Anwendung komplizierter Überlegungen notwendig macht von Seiten derjenigen, die das Recht unter dem Gewicht von Kriegsumständen und gewichtigen Parteiinteressen praktisch auszuüben haben. Besonders unklar lag es dabei noch mit den Theorien über die einheitliche Reife und die endgültige Bestimmung einer Ware. Aber erst der Weltkrieg rüttelte mit voller Macht an der Gebrechlichkeit des ganzen Gebäudes. Der Krieg war jetzt nicht mehr nach der alten naiven Vorstellung eine Spezialangelegenheit der Heere und Flotten, wie er auch dem Seerecht vorgeschwebt hatte. War bereits in dem jetzigen Kriege von vornherein die Kriegführung auf Einkreisung und Vernichtung der einen Partei angelegt, so hat auch die lange Dauer des Krieges, welche den Kreis der Kriegsteilnehmer stetig erweiterte und die nötige Frist zu den umfassendsten Vorbereitungen gewährte, dahin gewirkt, dass nicht nur die gesamte Menschenkraft, sondern auch die gesamte Wirtschaftskraft der beteiligten Völker in den Dienst des Krieges gestellt wurde, so dass der Ausgang davon abhing, welche Völkergruppe in der Gesamtheit ihrer Kräfte zum Schluss die Überlegenheit aufweisen würde. So wichtig für diesen Ausgang die Überlegenheit auf dem Schlachtfelde ist, von nicht minderer Wichtigkeit ist die ausreichende wirtschaftliche Kraft. Dieser Krieg hat sein besonderes Gepräge durch die Massenhaftigkeit des Einsatzes von Menschenkraft und von wirtschaftlichen Gütern. Dieser Einsatz ist so groß in beiderlei Hinsicht, dass er die gesamte Leistungsfähigkeit bis zur letzten Grenze in Anspruch nimmt. Die Kriegführung beansprucht die gesamte volkswirtschaftliche Produktion und sucht dieselbe noch bis zur äußersten Möglichkeit zu steigern ohne ökonomische Rücksichten und konzediert der Bevölkerung nur das zur Unterhaltung des Lebens Unumgängliche. Ein überragendes Moment bei dieser Entwicklung der Dinge ist ferner auch die Gestaltung des Krieges in technischer Richtung. Diese hat zum Stellungs- und Befestigungskriege in einer Frontlänge von Tausenden von Kilometern geführt, welche von vielen Millionen Soldaten besetzt sind. Dieser Umstand hat wiederum während der langen Kriegsdauer zu einer so umfangreichen Anwendung von schwerer Artillerie und anderen Waffen geführt, dass die Eisen-, Stahl-, mechanische und chemische Industrie keine andere Grenze für die Steigerung ihrer Leistungsfähigkeit besitzt, um die gewaltigen Waffen- und Munitionsmengen herbeizuschaffen, als diejenige, welche durch die volkswirtschaftliche Begrenzung gezogen wird.

Während der Krieg somit eine möglichst erhöhte volkswirtschaftliche Produktion verlangte, erwies er sich gleichzeitig als der größte Feind derselben. Er entzog ihr die geistigen und körperlichen Arbeitskräfte in weitumfassendem Maße. Er stürzte die gewohnte Ordnung und machte eine mühevolle und allein dem Kriegszweck angepasste Umgruppierung nötig. Die selbstregulierenden Kräfte des Wirtschaftslebens wurden außer Kurs gesetzt, und an Stelle dessen ergriff der Staat die Zügel der wirtschaftlichen Leitung, um alle Kräfte in den einheitlichen Dienst des Krieges zu stellen. Die Zügel des Staates lasteten schwer auf dem Produktionsvermögen, aber sie mussten immer stärker angezogen werden, je mehr sich mit zunehmender Kriegsdauer die Wirkungen der Unfreiheit der Meere geltend machten. Das Gewicht derselben äußerte sich verschieden auf die Kriegsparteien. Die eine verfügte über die Suprematie auf den Meeren, so dass ihr die ganze Welt offen stand zur Unterstützung der eigenen Volkswirtschaft. Sie verfügte auf diese Weise über die praktische Bundesgenossenschaft dieser Welt, wenn auch im äußerlichen Gewande der Neutralität. Die andere, von allen Seiten eingekreiste Partei sah sich von der Verbindung und von den Zufuhren der übrigen Welt abgeschnitten. Deutschland war schon im Frieden auf einen regen Güteraustausch mit dem Auslande angewiesen und bedurfte der Zufuhr von

Rohstoffen für die Landwirtschaft und für die Industrie in großem Umfange. Die deutsche Volkswirtschaft wurde nun vor die Aufgabe gestellt, sich während eines mehrjährigen Krieges ohne solche Zufuhren zu behelfen und dennoch die kriegswirtschaftliche Versorgung des in schwerem Kampfe liegenden Volkes durchzuführen. Trotzdem es in hervorragender Weise gelungen war, in vielen Fällen Ersatzstoffe für die fehlenden Rohstoffe ausfindig zu machen und erfolgreich anzuwenden, so stand man doch vor der schwierigen Aufgabe, mit gegebenen Vorräten sorgfältig hauszuhalten. Das führte zu einem verwickelten System von unter staatlicher Leitung stehenden Kriegsorganisationen, deren überwachende und anordnende Tätigkeit sich über Produktion, Verteilung und Konsum lagerte, die Freiheit in umfassender Weise unterband, Vorräte und Produktion beschlagnahmte und Zuteilung und Verbrauch rationierte. Die volkswirtschaftliche Produktion sowie ihre Verwendung wurden bis in die Einzelheiten reglementiert, häufig in unsachverständiger Weise und mit schweren Einbußen, aber doch mit dem Endziel des Durchhaltens und unter einheitlicher Zusammenfassung des gesamten volkswirtschaftlichen Geschehens. Es gab keine von der Kriegsaufgabe losgelösten volkswirtschaftlichen Einzelvorgänge mehr, und es war eines so wichtig wie das andere für die Durchführbarkeit des Krieges. Die Volkswirtschaft war zur Kriegswirtschaft geworden und das ganze Volk der Träger derselben. Aus diesem Zusammenhang konnte kein einzelner Mensch, kein einzelner Produktionsgegenstand als nicht zum Ganzen der Kriegswirtschaft gehörig mehr herausgegriffen werden. Alles was geschah, hatte in diesem Zusammenhang Einfluss auf den Krieg, sei es zum Nutzen oder zum Schaden.

In der Tat war der Krieg nicht mehr nach der Vorstellung des Seerechtes lediglich eine selbständige Angelegenheit der Heere und Flotten, und die Unterscheidung der Waren des Seeverkehrs in solche, welche dem Krieg dienten, und in solche, welche für den Verbrauch der friedlichen Bevölkerung bestimmt sind, wurde dadurch zu einer recht schwierigen und nicht mehr durchführbaren. Zwischen Krieg und Krieg besteht eben ein Unterschied. Ein Weltkrieg unter noch niemals dagewesenen Umständen vollzieht sich nach anderen Normen, als man nach Analogie früherer Kriege vorauszusehen in der Lage war, und Normen verlieren Sinn und Ausführbarkeit, die unter anderen Voraussetzungen aufgestellt wurden. Wohl hatte das Wort von der »besonderen Natur dieses Krieges« England bereits vor 100 Jahren als Vorwand gedient, sich über die Regeln des Seerechtes hinwegzusetzen und den Verkehr der Neutralen in illegitimer Weise zu schädigen. Aber vertragsuntreue Sophistik darf nicht den Blick verschließen gegenüber grundlegenden Tatsachen.

Der Weltkrieg stellte aber die Seemächte sowie die nicht am Kriege beteiligten Neutralen nicht nur vor die Tatsache einer neuen Art des Krieges, der nicht mehr eine Privatangelegenheit der Heere und Flotten war, sondern auch vor neue Tatsachen der Kriegstechnik. Eine solche Tatsache war das praktische Auftreten der U-Boote und ihre Verwendung zur Sperrung der Zugangswege zu den feindlichen Küsten. Wohl war dieser Weg ein neuer. Aber er befand sich nicht im Widerspruch mit dem anerkannten Rechtszustand. Der Kriegführende hatte das Recht, die Zufuhr von solchen Gütern zu den feindlichen Gebieten zu verhindern, welche zur Unterstützung der feindlichen Kriegführung dienten. Wenn auch in den Paragraphen des Seerechts eine bestimmte Vorstellung hervortrat über die Beschaffenheit der Seestreitkräfte, welche diesem Zwecke dienten, weil man andere nicht kannte, so enthielt dasselbe anderseits auch keinerlei Formel für eine obligatorische Art der zu benutzenden Waffen oder für einen bestimmten Weg der technischen Entwicklung. Es schreibt nicht vor, dass Kriegführung und Kriegstechnik sich nicht ändern dürften. Aus dem Umstande, dass man bei der Abfassung des Seerechtes an U-Boote und ihre Verwendbarkeit nicht gedacht hat, kann man nicht den Schluss ziehen, dass sie aus diesem Grunde nicht benutzt werden dürften. Mit der Verwendung der U-Boote zur Sperrung des Verkehrs zu den feindlichen Küsten ist kein Bruch einer Zusage oder irgendeiner Verpflichtung verbunden. Indem Deutschland von seinem durch das Seerecht sanktionierten Recht Gebrauch machte, die dem Kriege dienenden Zufuhren zu den feindlichen Küsten zu verhindern, tat es nichts anderes, als was England auf seine Weise unter Benutzung der ihm zur Verfügung stehenden Kriegswaffen tat. Die eingeschlagenen Wege waren verschieden, das Ziel war das gleiche. Das Seerecht hatte die Aufgabe, den neutralen Handel soweit zu schützen, als es mit den Zielen der Kriegführung verträglich war. Die beherrschende Seemacht hatte ihm zu Gevatter gestanden und sich dabei die für seine Kriegführung erforderlich erscheinenden Freiheiten gesichert, und die Paragraphen des Seerechtes trugen dieses Gepräge. Aber es widerspricht doch ganz der dem Seerecht zugrunde liegenden Tendenz, aus seinen Paragraphen Handhaben ableiten zu wollen gegen Bestrebungen, welche darauf gerichtet sind, das maritime Übergewicht einer Einzelmacht zu beseitigen. Das würde einen Eingriff in die Rechte der Kriegführung bedeuten. Die Erreichung eines solchen Erfolges würde vielmehr nur im Sinne der Freiheit liegen, die vom Seerecht nach Ansicht vieler zu erstreben ist. Ein solches Beginnen ist vom Standpunkt des Seerechtes und der Interessen der Neutralen aus löbliches Tun, vom Standpunkt eines Volkes jedoch, dessen Existenz und Weiterentwicklung durch die beherrschende Seemacht schwer gefährdet werden, ist es gebieterische Pflicht. Das Seerecht hatte jedenfalls nicht die Pflicht, den Bestand der Suprematie auf den Meeren zu garantieren und gegen Angriffe zu schützen.

Ohne neue Gedanken, ohne neue Wege war aber die Aufgabe nicht zu lösen. Nach Lage der Verhältnisse war sie überhaupt nicht in dem Sinne lösbar, dass die englische Seemacht daran verhindert werden konnte, durch ihre neuartige Blockadeform und durch Ausübung ihres neuartigen Bannwarenrechtes den Verkehr zum deutschen Gebiete zu unterbinden. Ebenso wenig war der Weg ausführbar, etwa mit den gewohnten gleichen Waffen und Mitteln die großbritannischen Küsten zu blockieren oder auf Grund des Bannwarenrechtes den Verkehr auch zu diesen zu verhindern. Wäre ein solcher Weg ausführbar gewesen, so hätte er für die Neutralen das Ergebnis gehabt, dass ihnen nunmehr die Gebiete beider kriegführenden Parteien verschlossen waren, während ihnen bis dahin wenigstens die Wege zu der einen Partei offenstanden. Gegen solchen doppelseitigen Verschluss seines Verkehrs hätte kein Neutraler eine Einwendung zu erheben vermocht, wenn er auf jenem Wege erzielt worden wäre. Genau das gleiche Resultat ergab sich jedoch auf dem Wege, welcher von Deutschland nun eingeschlagen wurde. Dieser Weg bestand in der Anwendung neuer Waffen, deren Eigenart es ist, dass sie wie Minen unter der Wasseroberfläche wirken. Auf der Wasseroberfläche sind sie gefährdet und nicht gefechtsfähig, weder Kriegsschiffen gegenüber noch gegenüber einer großen Zahl von Handelsschiffen, namentlich in bewaffnetem Zustande. Die taktische Verwendungsweise der U-Boote ist deshalb eine andere wie diejenige der normalen Kreuzer. Sie können gemäß derselben nicht nach Art und Vermögen dieser eine Kontrolle auf den Verkehrswegen ausüben. Auch die normalen Kreuzer könnten es nicht, wenn z.B. die zu kontrollierenden Fahrzeuge stärker sein würden als sie selbst.

Die U-Boote können aber die Verkehrswege überhaupt sperren und auf diese Weise den Verkehr von Gütern nach den feindlichen Küsten verhindern, die der Kriegführung des Feindes Vorschub leisten, wie es mit dem Grundgedanken des Seerechts übereinstimmt. Eine Unterscheidung über bedingte und unbedingte Bannware kann allerdings auf diese Weise nicht vorgenommen werden, auch keine Untersuchung über das etwaige Endziel einer Reise oder über neutrale und feindliche Bestimmung der transportierten Güter. Deshalb kann sich eine solche Aktion nur gegen Schiffe richten, die unzweifelhaft einer feindlichen Küste zustreben. Wird die Sperre dementsprechend angelegt, so ist es sicher, dass kein Schiff mit neutraler Bestimmung von der Sperre berührt wird. Anderseits gestattet es aber der Inselcharakter Großbritanniens, die Sperre zu einer sehr wirksamen zu machen. Bei der deutschen Sperre liegen die Umstände bedeutend einfacher wie bei der englischen Bannwarensperre. Die verwickelten Umstände der letzteren haben ihren Ursprung in der Nachbarlage einiger neutralen Länder zu Deutschland, wodurch England zu sorgfältigen Untersuchungen und Unterscheidungen genötigt ist, die nur durch heftige Kollisionen mit dem Seerecht den nötigen Grad von Wirksamkeit und Einfachheit erhalten können. Für die deutsche Sperre anderseits erübrigt sich unter den obwaltenden Kriegsumständen die Unterscheidung zwischen bedingter und unbedingter Bannware, nachdem unter dem Druck des Kriegsgebotes der ganze Wirtschaftsbetrieb in allen kriegführenden Ländern den Charakter einer einheitlichen, unter Kontrolle der Staatsgewalt stehenden Kriegswirtschaft erhalten hat, so dass kein wirtschaftlicher Vorgang mehr ohne Bedeutung für die Kriegführung ist und jederlei Zufuhr geeignet ist, das kriegerische Vermögen des Gegners zu stärken. Die Rechte und die Sicherheit des neutralen Verkehrs bleiben aber durch die U-Bootsperre gesichert, da dieser Verkehr nur nach Maßgabe der Erfordernisse der Kriegführung eingeengt wird. Der Verkehr zwischen den neutralen Ländern selbst bleibt unbehindert, während derselbe durch die englische Bannwarenblockade auf das empfindlichste beeinträchtigt wird, bis zur Bedrohung der Existenzbedingungen der davon betroffenen Staaten.

Wenn nun gesagt wird, dass das U-Boot eine grausame, rücksichtslose und inhumane Waffe ist, dass sie deshalb einen Rückschritt bedeutet in der Kultur der Kriegführung und nur als eine in der Not geborene Waffe angesprochen werden kann, so vermag eine solche Beurteilung nicht zu bestehen. Ohne Zweifel befindet sich die Bemannung eines Handelsdampfers in einer besseren Lage, wenn dieser von einem Kreuzer gestellt wird, als wenn er einem U-Boot-Torpedo begegnet. Der Kreuzer vermag auch die Bemannung eines versenkten Schiffes an Bord zu nehmen, während das U-Boot teils aus Platzmangel, teils aus Sicherheitsgründen eine solche Hilfeleistung in der Regel nicht zu gewähren vermag. Eine solche Kritik würde am Platze sein, wenn ein U-Boot irgendwo auf offenem Meere ein zur Fahrt berechtigtes und unbekümmertes Schiff der plötzlichen Vernichtung anheimgeben würde. Aber das U-Boot ist an bestimmt bezeichnete Wirkungsfelder in seiner Tätigkeit gebunden. Es ist den Handelsschiffen ausdrücklich verboten, das klar bezeichnete Sperrgebiet zu betreten, und es ist gewarnt vor den Folgen, die damit verbunden sind. In gleicher Weise wäre auch eine effektive Blockade grausam, da ein ungehorsamer Blockadebrecher ohne weiteres der Vernichtung anheimfallen würde. Die Formen sind in beiden Fällen naturgemäß verschieden. In der Sache ist es das gleiche. Das U-Boot untersteht der Leitung und der Verantwortlichkeit der legitimen Kriegsmacht. Wenn Waffen sich in pflichtgeübten Händen befinden, so ist dadurch die beste Garantie gegen Missbrauch und ungerechtfertigte Verwendung vorhanden. Grausam und kulturwidrig ist jedoch die illegitime Handhabung der Waffen von Seiten dazu Unberufener. Einen solchen Kulturrückschritt bildet z.B. die Bewaffnung von Handelsdampfern gegen die legitime Kriegsmacht. Der Handelsdampfer wird dadurch zu einem Kriegsfahrzeug ohne militärische Leitung und Kenntlichmachung und nötigt die U-Boote in allen Fällen in der schärfsten Form vorzugehen. Der Fall Baralong erweist, welche Untaten durch diesen Rückfall in die illegitime Kriegführung, deren Abstellung das Hauptergebnis des Seerechts gewesen ist, hervorgerufen worden.

England stellte seine Kriegführung frühzeitig auf die neuen durch den Weltkrieg zutage gebrachten Kriegsumstände ein. Seemacht und Diplomatie verbanden sich zur restlosen Geltendmachung der Überlegenheit zur See. Es kam darauf an, den gegnerischen Verkehr mit der Außenwelt vollständig zu unterbinden, da in dem Feldzugsplan der Entente die wirtschaftliche Absperrung der Gegner einen der wichtigsten Bestandteile bildete. Der englische Blockademinister, Lord Eecil, drückte im März 1917 es so aus, dass die Blockade natürlich keine Wunder schaffen sollte. Aber das Ergebnis derselben sei ein sehr großer Mangel an Nahrungsmitteln in Deutschland und ein sehr erheblicher Mangel an anderen Dingen. Ob der Krieg durch die Blockade zu Ende gebracht wird, könne er nicht sagen, aber wenn die Endschlacht zu Ende gekämpft sein wird, wird die Wirkung der Blockade sehr ins Gewicht fallen. In der Tat ist die Wirkung einer solchen Blockade nicht unabhängig von der Konstellation des gesamten Kriegsschauplatzes. Dieser Krieg ist ein Weltkrieg, und er war von vornherein militärisch und wirtschaftlich als Einkreisungs- und Vernichtungskrieg geplant und dann auch so ausgeführt worden. Er konnte in dieser Weise nur geplant und ausgeführt werden von den Ententemächten, während für Deutschland und Österreich-Ungarn, die zunächst allein standen, ein derartiger Angriffskrieg gegen eine geschlossene äußere, mit der ganzen Welt in Verbindung stehende Linie geradezu widersinnig gewesen wäre. Das der englischen Blockadepolitik im Wege stehende Problem bestand jedoch in dem Vorhandensein einer Anzahl Deutschland benachbarter neutraler Länder, die Verbindung mit der See hatten und nach dem internationalen Recht berechtigt waren, mit ihren auch in einen Krieg verwickelten Nachbarn Verkehr zu treiben. Das bedeutete ein großes Loch für die englische Blockadepolitik. Es kam nun darauf an, dieses Loch in passender, aber vor allen Dingen wirksamer Weise zu verschließen.

England führte mit unbekümmerter Hand den Griffel, mit welchem es die Grenzlinie zog zwischen dem Recht des Kriegführenden und dem Recht des neutralen Handels. Es stützte sich dabei auf den dem internationalen Seerecht zugrunde liegenden Gedanken, dass der Kriegführende im Prinzip das Recht hat, diejenigen auf dem Seewege transportablen Güter vom Feinde fernzuhalten, die geeignet sind, demselben in seiner Kriegführung Vorschub zu leisten. Auf der anderen Seite gewährte aber eine solche Befugnis nicht gleichzeitig das Recht, die Souveränität eines neutralen Staates zu beeinträchtigen. Über die Landgrenzen eines solchen Staates mit einem kriegführenden Nachbarstaate besaß die kriegführende Seemacht kein Verfügungsrecht. Sie konnte zwar die auf dem Seewege dem neutralen Staat zugeführten Güter einer Kontrolle unterwerfen. Aber im übrigen konnte dieser Staat mit seinem Landnachbar einen freien Wirtschaftsverkehr unterhalten und jedenfalls ihm seine eigenen Produkte zur Verfügung stellen, auch wenn sie zur Stärkung der Kriegführung in irgendeiner Weise geeignet waren. Und außerdem konnte dem neutralen Staat nicht verwehrt werden, diejenigen Güter über See einzuführen, deren er für den Konsum seiner Bevölkerung und für seine Produktion bedurfte. In dieses souveräne Recht hat aber England im Fortgang des Krieges in schwerer Weise eingegriffen, so dass schließlich ein Zustand herauskam, der die Tatsache der Landnachbarschaft praktisch aufhob und dem neutralen Nachbarlande eine künstliche geographische Lage bereitete, nicht anders, als wenn sich nun das Meer selbst zwischen dasselbe und seinen Nachbar gelagert hätte.

Dieser Prozess der Läuterung der Neutralen vollzog sich nicht in brutal plötzlicher Weise, da England stets das doppelte Angesicht zeigen musste, als Beherrscherin der Meere und als Hort der Freiheit und Beschützer der kleinen Staaten. Auch hing der Erfolg des Einkreisungskrieges nicht unwesentlich mit von der Unterstützung Sympathie der übrigen Welt ab. Deshalb musste offiziell das Gesicht der Uneigennützigkeit und des Rechtes gewahrt werden und dem Kriege das Zeichen eines Kampfes für Recht, Kultur und Zivilisation gegeben werden sowie für den Schutz der bedrohten Freiheit Europas und besonders der kleinen Staaten. Aber die englische Politik verfolgte unbeschadet dessen ihren Weg zur Erreichung des Zieles planmäßig. Das Ziel war in der ersten Etappe die Vernichtung der Widerstandskraft Deutschlands und in der zweiten die Gewinnung eines Friedens, der die Lahmlegung seiner politischen und militärischen Macht garantierte und seine Volkswirtschaft zur Verkümmerung führte. Zur Vernichtung der Widerstandskraft musste aber die Gütersperre restlos durchgeführt werden auch bezüglich der Landesgrenzen der neutralen Staaten. Sir Francis Tajlor Pigott sagte dazu im »Brassev Naval Annual« 1916 mit Rücksicht auf die neutralen Rechte, dass es ein falscher Satz sei, dass man sich in den Handel des Feindes nicht einmischen dürfe, weil ein Neutraler dadurch geschädigt wird. Die Paragraphen des Seerechtes seien nicht dazu da, um die Niederwerfung des Gegners zu verhindern. Mit der Änderung des Kriegssystems müsse das Seerecht Schritt halten. Die Kriegführung könne nicht stehen bleiben, während die Neutralen aus den veränderten Umständen des Krieges reichen Gewinn ziehen wollten. Die Blockade könne nicht mehr nach Formeln durchgeführt werden, die für die alten Fregatten Nelsons passten. Auch der Begriff Bannware müsse dem Krieg der Völker in Waffen angepasst werden. Bannware dürfe nicht ungehindert die neutralen Länder passieren können.

Im Sinne dieser Auffassung hat die englische Politik gehandelt. Eine Reihe von orders in council versah die Londoner Deklaration mit den erforderlichen Zusätzen und Modifikationen aus eigener Machtbefugnis, um die Seeregeln mit der neuen Auffassung vom Kriege in Übereinstimmung zu bringen. Da wurde besonders die Unterscheidung zwischen unbedingter und bedingter Bannware abgestellt, denn letztere hatte nach dem Seerecht ohne weiteres Zutritt zu den neutralen Grenzen, falls nicht von der beschlagnehmenden Seemacht der Nachweis ihrer Bestimmung für die feindliche Regierung oder Kriegsmacht erbracht wurde. Nunmehr sollte die Bestimmung für das feindliche Gebiet überhaupt genügen, wie es für die unbedingte Bannware der Fall war. Hierdurch erhielt die Theorie von der fortgesetzten Reise oder der feindlichen Endbestimmung Allgemeingültigkeit für alle Waren. Aber bezüglich der Frage des Nachweises begab sich die englische Blockadepolitik auf einen Weg, der auch durch die veränderten Kriegsumstände rechtlich nicht zu begründen war. Bei jeder Zufuhr, die nicht offensichtlich den Charakter einer Kriegsware hatte, war es zweifelhaft, ob sie eine feindliche oder neutrale Bestimmung hätte. Denn die neutrale Bevölkerung bedurfte ebenso der Überseeversorgung, zum Beispiel durch Lebensmittel, wie die feindliche. In dieses Recht der selbständigen Wirtschaftsversorgung der Neutralen griff die englische Regierung ein, weil mit ihr die Gefahr der indirekten feindlichen Versorgung verbunden war, entspringend aus der Tatsache der neutralen Landnachbarschaft mit dem Feinde. Um diese Gefahr zu verschließen und um zu erreichen, dass kein Verkehr über die neutralen Landesgrenzen erfolgte, wurden eine Reihe von Maßnahmen getroffen, denen sich die Neutralen zu unterwerfen hatten, falls sie nicht ihre eigene Versorgung in Frage gestellt sehen wollten. Wenn z. B. der Absender oder Empfänger einer Ware auf der schwarzen Liste stand, welche englischerseits aufgestellt war, so wurde ohne weiteres feindliche Bestimmung angenommen. Dasselbe war der Fall, wenn die Betreffenden es ablehnten, eine eidesstattliche Versicherung abzugeben. Trat der Fall ein, dass ein Schiff verdächtige Gegenstände enthielt, so wurde es zur Untersuchung in einen englischen Hafen gebracht und dort so lange festgehalten, dass der Unternehmer des Handels so starke Verluste hatte, dass er es vorziehen musste, den ganzen Handel aufzugeben. Ferner erwies sich als ein wirksames Mittel die Einrichtung von Handelsgesellschaften in den neutralen Ländern unter englischer Kontrolle. Diese hatten dafür zu sorgen, dass keine Produkte aus den neutralen Ländern die Landesgrenzen passierten, und dass der Überschuss der heimischen Produktion nach England ging zur Befriedigung der dortigen Bedürfnisse. Der Blockademinister Lord Eecil rühmte diese Methode als besonders praktisch. Die feindliche Einfuhr hätte infolgedessen fast ganz aufgehört. Sehr vorteilhaft erwies sich dabei die Ausnutzung des Umstandes, dass die neutralen Bevölkerungen in erheblicher Weise von den englischen Zufuhren abhängig waren. Kohle wurde z. B. nur geliefert, wenn man sich den englischen Forderungen fügte. Auf diese Weise wurden die Neutralen in den Dienst der englischen Kriegführung gestellt, und das in der Einkreisung vorhandene Loch war nun verstopft. Die Unterwerfung geschah teils widerwillig, teils um materieller Vorteile willen, teils zur Sicherung der Existenzfähigkeit. Von einer Wahrnehmung der neutralen Rechte glaubte man neutralerseits dagegen absehen zu können, und das Seerecht wurde ad acta gelegt. Und dasselbe geschah mit den Pflichten der Neutralität, die der einen Partei nicht Vorschub leisten durfte zum Nachteil der andern.

England aber beanspruchte weiter, den Krieg zum Schutze für die Unabhängigkeit des Rechtes zu führen und für das Recht der kleinen Staaten. Es wünschte den Sieg der unverletzlichen Treue und der Gerechtigkeit, und Bonar Law rühmte es in einer Rede vom 9. Februar 1917, dass noch nie in der Geschichte eine Marine eine solche Beherrschung über die Oberfläche der See ausgeübt habe und mit solcher Rücksicht auf das Recht und die Empfindlichkeit der Neutralen. Es gehört zur englischen politischen Erbweisheit, eigennützig zu handeln und uneigennützig zu reden und zuerst die gute Meinung der übrigen Welt und dann weiter die Mitwirkung derselben zu gewinnen. Aber Himmel und Hölle wurden in Bewegung gesetzt, sobald es sich um eine Gefährdung der englischen Interessen handelte. Eine glückliche Fügung hatte es bewirkt, dass Deutschland in die Lage gekommen war, die englische Einkreisungs- und Aushungerungskriegführung, die es nicht verhindern konnte, mit gleicher Münze zu erwidern. Das wurde von England nicht nur als eine große Störung seiner Pläne empfunden, sondern als ein großes ihm angetanes Unrecht. In rechtlicher Beziehung war dabei das deutsche Vorgehen unendlich viel besser gestützt als das englische. Übereinstimmend für beide war das Moment der neuen Kriegsumstände, die an Stelle des Krieges zwischen Heeren und Flotten den Krieg der Völker selbst gesetzt hatten und die Volkswirtschaft in eine organisierte Kriegswirtschaft verwandelten. Das hatte wiederum zur Folge, dass alle auf dem Seewege den kriegführenden Gebieten zugeführten Güter unterschiedslos als Bannware behandelt wurden. Aber der große rechtliche Unterschied in der beiderseitigen Lage beruhte auf dem Umstand, dass England eine Insel ist, während Deutschland neutrale Nachbarländer besitzt. England konnte seine Sperre nur durchführen durch Vergewaltigung der Rechte dieser neutralen Länder. Für Deutschland entfiel dieses Hinderungsmoment. Es hatte sich nur mit solchen Schiffen zu befassen, welche ausgesprochenen Kurs zu den britischen Küsten hatten, wodurch die Anlegung eines Sperrgebietes ermöglicht wurde, welches ausschließlich von Schiffen mit dem Kurs nach den britischen Küsten befahren wurde. Der Anlage eines Sperrgebietes standen aber keine rechtlichen Schranken gegenüber, ebenso wenig der Verwarnung der Neutralen, das Gebiet zu betreten, welche es nur zu tun beabsichtigen konnten, um für die Unterstützung der Kriegführung geeignete Gegenstände zu befördern. Für den Passagier- und anderen zulässigen Verkehr waren aber bestimmte Routen freigegeben worden. England konnte gegen das Sperrgebiet umso weniger rechtliche Einwendungen erheben, als es selbst mit der Anlage von Sperrgebieten in der Nordsee vorangegangen war, um die Blockade wirksamer und mit möglichst geringem Aufwand von Schiffen vornehmen zu können.

In Wirklichkeit verkannte auch der nicht offizielle urteilsfähige Engländer nicht die Berechtigung der deutschen Kriegführung. Auf diesen Standpunkt stellte sich z.B. der englische Admiral Sir Percy Scott in einem Schreiben an einen ausländischen Seeoffizier, das in der »Times« am 16. Juli 1914 veröffentlicht wurde. Vorher hatte Lord Sydenham die Meinung vertreten, dass man U-Boote gegen Handelsschiffe nicht benutzen dürfe, weil U-Boote nicht gefangen nehmen, sondern vernichten müssten, und weil das Recht, Nichtkämpfer zu töten, niemals anerkannt werden könne. Der ausländische Seeoffizier meinte seinerseits, dass, wenn ein Staat mit einem Inselland in Krieg geriete, das mit seiner Nahrungsmittelversorgung auf die Seezufuhr angewiesen sei, jener Staat dann die Aufgabe hätte, diese Versorgung abzuschneiden. Er würde die Handelsschiffe warnen, sich der Insel zu nähern, da er eine Blockade mit Minen und U-Booten errichten würde. Ebenso würde er den Neutralen mitteilen, dass ihre Schiffe bei Annäherung Risiko liefen. Hierzu erklärte nun Admiral Sir Percy Scott, dass solche Ankündigung nach seiner Meinung in Ordnung sei. Bei einem Blockadebruch könne nicht angenommen werden, dass er friedlichen Zwecken diene. Die Versenkung der Schiffe sei dann kein Rückfall in Wildheit und Barbarei. Die Minen und U-Boote würden eine solche Abschreckung bewirken, dass der furchtsame Handel gelähmt wird. Durch zwei versenkte Schiffe würde die Versorgung mit Nahrungsmitteln verhindert werden. Im amerikanischen Bürgerkrieg hätten die blockierenden Kreuzer auch keine Skrupel gehabt, die Blockadebrecher in den Grund zu bohren oder nach der Strandung mit Granaten zu beschießen.

Als es aber mit der U-Boot-Gefahr ernst wurde, fand die offizielle englische Welt in Verbindung mit der politisch gut geschulten Presse, die auf die ganze Welt einen maßgebenden Einfluss ausübte und infolge des englischen überseeischen Nachrichtenmonopols das Feld der öffentlichen Meinungen allein beherrschte, ganz andere Töne. Es kam darauf an, die ganze Welt, und besonders die Vereinigten Staaten von Amerika, gegen den U-Boot-Krieg in Harnisch zu bringen und diesen dadurch zu verhindern. Es wurden leidenschaftliche Vorwürfe gegen den Bruch des Seerechtes und gegen die Unmenschlichkeit dieser Kriegführung erhoben. Deutschland bekunde eine systematische Verachtung aller Rechte der Menschlichkeit. Das U-Boot wetteifere mit den barbarischen Methoden der Schwesterwaffe. Es handle sich um ein Verbrechen in der Kriegführung, wie es seit Jahrhunderten unbekannt sei. Deutschland achte nicht auf die im Haag gegen die Barbarei errichteten Schranken, es habe die letzte Hülle der Zivilisation abgeworfen. Der Barbar stände in seiner angeborenen Wildheit da. Auf der anderen Seite wandte England seinerseits zur Bekämpfung der U-Boote Kriegsmethoden an, durch welche mit Menschenverlust verbundene Schiffskatastrophen geradezu provoziert wurden. Fast zwei Jahre lang richtete sich der U-Boot-Krieg nicht gegen neutrale, sondern nur gegen feindliche Handelsschiffe. Durch systematischen Flaggenmissbrauch wurde aber diese Unterscheidung sehr erschwert. Dazu kam die planmäßige Bewaffnung der Handelsdampfer, welche dadurch den Charakter von Kriegsfahrzeugen erhielten und dadurch das U-Boot zu einem weniger rücksichtsvollen Vorgehen zwangen, als es in der ersten Zeit der Fall war. Die Mitnahme von neutralen Passagieren seitens der Munitions-Handelsdampfer hat in besonders hohem Maße dazu beigetragen, die Leidenschaften in den Vereinigten Staaten zu entflammen. England ließ seinerseits die Energie seiner Gegenkriegführung durch Humanitätsgründe in keiner Weise beeinträchtigen. Es opferte bereitwillig das Leben der Bemannungen und Passagiere der Handelsdampfer auf den Fahrten durch das Sperrgebiet. Auch auf die neutralen Handelsflotten übte es einen starken Druck zur Befahrung des Sperrgebietes aus.

Es ist wahrscheinlich, dass England die Möglichkeit und die Gefahr des U-Boot-Krieges unterschätzt hat, als es den Einkreisungs- und Aushungerungsplan in die Wirklichkeit umsetzte. Es wird mit der praktischen Ausführbarkeit einer Gegeneinkreisung nicht gerechnet haben. Aber die dann eintretende Erkenntnis dieser Sachlage hat seinen Kriegs-, Angriffs- und Siegeswillen nicht beeinträchtigt, sondern im Gegenteil zu den höchsten Anstrengungen angespornt. Eine dieser großen Anstrengungen bestand in der praktischen Einführung der allgemeinen Wehrpflicht und in der Aufstellung seiner Millionenarmee. Es unterliegt keinem Zweifel, dass ohne diese große im Kriege erst geschaffene englische Armee die Heere von Englands Alliierten zusammengebrochen wären und damit das große Unternehmen der Vernichtung Deutschlands gescheitert war. Eine andere der englischen Anstrengungen war gerichtet auf die Gewinnung der Mitwirkung der Neutralen zur Verhinderung der U-Boot-Sperre. Die Gefahr des Eintritts der Neutralen in den Krieg wurde von den Mittelmächten drückend empfunden und lähmte lange Zeit die Energie der U-Boot-Kriegführung. Erst um die Wende des Jahres 1916/17 glaubte man sich stark genug gegen ein etwaiges Eingreifen der europäischen Neutralen. Die amerikanische Gefahr hatte man lange Zeit durch Nachgeben zu beschwören versucht, bis es sich herausstellte, dass man klar und deutlich vor der Wahl stand, entweder das Risiko eines amerikanischen Krieges oder das Risiko der Aushungerung tragen zu müssen. England ist es nicht gelungen, durch neutrale Drohungen den uneingeschränkten U-Boot-Krieg auf die Dauer abzuwenden. Aber es gewann das Eintreten Amerikas in den Krieg. Es erreichte auch, dass China und Brasilien die Beziehungen zu Deutschland abbrachen. Der Glaube an einen Sieg auf den Schlachtfeldern Frankreichs und an ein früheres Erliegen der deutschen Wirtschaft stärkten die Entschlossenheit Englands zum unnachgiebigen Siege. Das entgegenkommende Friedensangebot der Mittelmächte wurde mit geradezu verächtlichen Worten abgelehnt.

Niemals während des ganzen Kriegsverlaufs ist aus der offiziellen Welt Englands ein Wort erklungen, das dahin zu deuten war, dass der Krieg anders enden könne als durch den Sieg. Für die Lösung des Programms, in dessen Dienst der Krieg durch die Entente gestellt worden war, war vielmehr der Endsieg unerlässlich. Der Frieden musste diktiert werden, da das Programm in der wirtschaftlichen, politischen und militärischen Vernichtung Deutschlands und in der endgültigen Beseitigung des deutschen Druckes und der Kriegsursachen bestand. In der Antwort auf das Friedensangebot heißt es: Die Alliierten wollen mit ganzer Kraft handeln und alle Opfer bringen, um den Streit siegreich zu beenden. Die Zivilisation hänge davon ab. — Bonar Law sagt: „Wir bleiben nicht auf dem halben Wege der Einkreisung stehen. Die deutsche militärische Maschine darf nicht ungebrochen bleiben." Und Lloyd George betonte, dass ein Frieden ohne Sieg kein Frieden wäre, und dass Deutschland nie wieder in die Lage kommen dürfe, Krieg zu führen. England dürfe sich nur mit einem vollständigen Erfolge seiner Forderungen zufrieden geben, und es würde die Regierung hängen, wenn sie die Frucht der Riesenanstrengungen wegwürfe. Der Krieg sei aufgenommen für ein Weltziel und würde nicht enden, bevor es erreicht sei. Auch in Frankreich wurde durch Briand ein vorzeitiger Abschluss des Krieges als eine Schmach bezeichnet.

Während England vor dem Kriege Jahr für Jahr der Welt das Schauspiel der Vorführung seiner Armada veranstaltete und sie im Bann hielt durch den Anblick der fertigen Kriegsbereitschaft und der unüberwindlichen Größe und Vollendung, lag in Deutschland der Gedanke an einen Krieg fern, am entferntesten der Gedanke an einen nahen Krieg mit England. Die wiederholt ausgetretenen Gewölke wurden nicht als aktuell empfunden und die verschiedenen Vorkommnisse nicht als Glieder einer Kette angesehen. Der Gedanke an Einschränkung der Rüstungen war in weiten Kreisen populärer als der an Rüstungen, und es überwog das Vertrauen zur Lösung der Schwierigkeiten durch die solidarischen Interessen. Man bemühte sich um die Freundschaft mit England und schwärmte für eine Verständigung über den Schutz des Privateigentums zur See und die Abschaffung des Seebeuterechtes. Am wenigsten dachte man an das Kommen des englischen Wirtschaftskrieges und unterließ deshalb auch, abgesehen von der für alle Fälle fürsorglichen Tätigkeit der Reichsbank, alle wirtschaftlichen und auch kriegswirtschaftlichen Vorbereitungen, um einer solchen Eventualität möglichst gewachsen zu sein. Deutschland wurde dann angegriffen und führte einen Verteidigungskrieg. Das kam auch in seinen Kriegsmaßnahmen zur See zum Ausdruck, was nichts zu tun hat mit dem Geist kriegerischer Initiative, der auch die deutsche aktive Flotte bewegte. Der deutschen Flotte war das Geleitwort von einer sogenannten Risikoflotte mit auf den Weg gegeben worden, d.h. es sollte auch für eine weit überlegene Flotte ein ernstes Risiko bedeuten, sich auf einen Kampf einzulassen. In Deutschland fehlte von vornherein der Initiativgedanke, den England hatte, die neue Art der Kriegsumstände und das Wesen der neuen Kriegswirtschaft zu erfassen, sowie das Vorgefühl, dass das Schicksal des Krieges wesentlich abhängen würde von dem Durchhaltungsvermögen der Wirtschaft und von der Lahmlegungsmöglichkeit der Ernährung. Es fehlte in Deutschland in zweiter Linie auch der Initiativgedanke, das Vorhandensein neuer dafür geeigneter Waffen zu benutzen, um die englischen Zufahrtswege zur See zu sperren und dadurch den Sieg zu erringen. Dass dieser Gedanke dann erfasst und dass der zu Beginn des Krieges bescheidene Stand der U-Boots-Waffe zu einer für die eigentliche Aufgabe der U-Boote brauchbaren Entwicklung im Verlaufe des Krieges geführt wurde, ist das Verdienst der noch rechtzeitigen Einsicht der Marineverwaltung.

In Deutschland hielt man fest an der alten Auffassung über den Wortlaut der Paragraphen der Londoner Seerechtsdeklaration. Hätte England das gleiche getan, so hätte man nach diesem Rezept den Krieg geführt mit dem voraussichtlichen Ergebnis, dass England aus diesem Kriege mit dem Prestige der Unverwundbarkeit und der ungeschwächten Suprematie auf den Meeren hervorging. Aber England wollte es anders, da es im Gegensatz zu Deutschland keinen Verteidigungs-, sondern einen Vernichtungskrieg führte. Aus diesem Umstand ist schließlich der uneingeschränkte U-Boot-Krieg hervorgegangen als eine Verteidigungsmaßregel mit dem Charakter der Wiedervergeltung und Notwehr. Nur mühsam ist dieser Entschluss von der Seele gerungen worden. Der alsbald nach englischer Tradition dagegen eingeleitete Beschimpfungsfeldzug und besonders der Vorwurf der unmenschlichen Kriegführung hat zur Erleichterung des Entschlusses nicht beigetragen. Dazu kam die Haltung der Neutralen, welche nur die englische, aber nicht die deutsche Verkehrssperre sich gefallen lassen wollten. Auch die Neutralen erhoben den Vorwurf der Vertragsbrüchigkeit hinsichtlich des Seerechtes. Die Vereinigten Staaten von Amerika wollten auch die Berechtigung zur Wiedervergeltung und Notwehr nicht anerkennen. Aber wie man schließlich das Seerecht auch auffassen möge, ein Vertragsbruch in vertragsbrüchiger Gesinnung lag auf deutscher Seite nicht vor. Die deutschen Staatsmänner sind nicht vor die Frage des Vertragsbruches oder vor die Wahl zwischen Untergang und Vertragsbruch gestellt worden, da die Sperrung der englischen Verkehrswege nicht nur Pflicht einsichtiger deutscher Politik, sondern auch ihr gutes Recht war.

Der deutsche U-Boot-Krieg hatte zuerst den Charakter eines Schädigungs-, nicht den eines Absperrungskrieges. Er richtete sich deshalb lediglich gegen feindliche Handelsschiffe, während neutrale Schiffe ungehinderte Zufahrt behielten. Aber trotzdem stellten sich bald schwere Verwickelungen mit den Neutralen ein, besonders als bei der Torpedierung des amerikanische Munition führenden englischen Dampfers »Lusitania«, der Passagiere an Bord hatte, ein Verlust amerikanischer Leben stattfand. In dem scharfen Konflikt hierüber kam bereits der grundsätzliche Gegensatz Amerikas gegen die Benutzung der U-Boote zum Handelskrieg zum Ausdruck. Präsident Wilson bezweifele, dass diese Methode der Kriegführung die Genehmigung der deutschen Regierung finden könne. Er erwarte, dass die Freiheit der Meere wiederhergestellt wird. Er verlange dass bei Begegnung mit Handelsschiffen eine besondere Warnung und ordnungsmäßige Untersuchung stattfände, wie sie vom Seerecht für Kreuzer vorgeschrieben sei. Es sei unmöglich, U-Boote gegen Handelsschiffe zu benutzen, ohne Billigkeit, Vernunft und Gerechtigkeit zu verletzen. Er stütze sich auf die Menschlichkeit, dass Unbeteiligte nicht in den Tod getrieben werden dürfen. Die deutsche Regierung betonte demgegenüber, dass es in erster Linie ihre Pflicht sei, die deutschen Leben zu schützen, und dass die Munitionsfracht des Dampfers dazu bestimmt gewesen sei, Deutsche zu töten. Außerdem sei die Grenze zwischen Kriegs- und Handelsschiffen infolge der Bewaffnung der letzteren verwischt worden. Im übrigen sei Deutschland stets für die Freiheit der Meere eingetreten und hätte deshalb die Londoner Deklaration ratifiziert. Aber der Gegner hätte den gesetzlich geschützten friedlichen neutralen Handel lahmgelegt. Nahrungsmittel könnten über neutrale Häfen nicht nach Deutschland gelangen. Die Note sprach die Hoffnung aus, dass das Seerecht so geordnet würde, dass die Freiheit verbürgt werde. Praktisch ist dann offenbar ein wenn auch notdürftiger modus vivendi zustande gekommen. Deutschland verpflichtete sich jedenfalls, Passagierdampfer nicht ohne Warnung zu versenken, während Amerika seine Munitionslieferungen fortsetzte. England nutzte die Gunst der Umstände aus unter Zuhilfenahme von Flaggentäuschung, Bewaffnung von Handelsdampfern und durch verschlagene Angriffe auf U-Boote, wodurch die Wirksamkeit derselben sehr behindert und gefährdet wurde. Es hatte auch den Anschein, dass Deutschland neuen Konfliktsmöglichkeiten mit Amerika möglichst aus dem Wege zu gehen suchte und die Haupttätigkeit der U-Boote in das Mittelmeer verlegte.

Durch die infolge einer Verwechslung erfolgte Tonsedierung des englischen Kanaldampfers „Sussex«, der wieder amerikanische Passagiere an Bord hatte, entbrannte der Konflikt jedoch wieder in schärfster Form. Präsident Wilson drohte jetzt mit Ziehung von Folgerungen, falls nicht die deutschen Methoden gegen Personen- und Frachtschiffe geändert würden. Deutschland habe keinen gesetzmäßigen Anspruch auf Schließung der hohen See. Die Zerstörung der »Sussex« sei ein Beispiel für die Methode, unterschiedslos Handelsschiffe aller Art und jeder Nationalität zu vernichten. Ein solcher U-Boot-Krieg könne nicht geführt werden ohne beständige Verletzungen des Völkerrechts um so mehr, wenn die U-Boote nach der Natur der Sache die Regeln der Humanität und des Rechtes zum Schutze des Lebens nicht beobachten könnten. Die deutsche Regierung hätte versprochen, die Gefahren auf das Mindestmaß zu beschränken. Aber es sei ihr nicht gelungen, den U-Booten Beschränkungen aufzuerlegen. Sie hätte sich verpflichtet, nichtbewaffnete Schiffe zu warnen und das Leben zu gewährleisten. Er sehe jetzt, dass der Gebrauch der U-Boote zur Zerstörung des feindlichen Handels unvereinbar ist mit den Grundsätzen der Menschlichkeit, den Rechten der Neutralen und den heiligen Vorrechten der Nichtkämpfer. Darauf antwortete die deutsche Regierung, dass sie auf die Verwendung der U-Boote im Handelskriege nicht verzichten könne. Sie hätte sich im Interesse der Neutralen weitgehende Beschränkungen auferlegt, wenn auch bezüglich der Frachtschiffe in der Sperrzone keine Zusicherung gegeben. Nunmehr wolle sie aber den Neutralen dadurch noch weiter entgegenkommen, dass auch in der Sperrzone künftig Handelsschiffe nicht ohne Sonderwarnung und Garantie für Rettung versenkt werden sollten. Deutschland habe die Absicht, die Ausdehnung des Krieges zu verhindern und ihn auf die kämpfenden Streitkräfte zu beschränken. Es wolle den Krieg nach den Regeln der Londoner Deklaration führen, wenn England das gleiche täte. England habe den Krieg auf die Nichtkämpfer ausgedehnt, so dass Deutschland dadurch gezwungen wurde, zu dem harten Mittel des U-Boot-Krieges zu greifen. Aber Amerika hätte gegen England nur Proteste gehabt, während es Deutschlands wirksame Gegenwaffe zu beschränken suche. Nunmehr erwarte es jedoch von Amerika, dass es England zur Beachtung der Seerechtsnormen anhielte, und dass es durch die neuen Weisungen an die U-Boot-Kommandanten in den Stand gesetzt sei, die Zusammenarbeit zur Erreichung der Freiheit der Meere aufzunehmen. Anderseits würde die deutsche Regierung sich einer neuen Sachlage gegenübersehen und sich volle Freiheit vorbehalten. Demgegenüber verwahrte sich der Präsident ausdrücklich dagegen, dass Deutschland die Achtung der amerikanischen Rechte abhängig zu machen schiene von dem Verhalten der amerikanischen Regierung gegenüber anderen Regierungen. Die Verantwortlichkeit Deutschlands sei eine absolute und keine relative. Er betone das, um keine Missverständnisse aufkommen zu lassen, und verlasse sich auf die gewissenhafte Ausführung. Hierauf erfolgte keine weitere Antwort der deutschen Regierung.

Der Wunsch der deutschen Regierung nach Rückkehr zur Londoner Deklaration, um dadurch die Freiheit des Meeres zu sichern und den Krieg wieder auf die kämpfenden Streitkräfte zu beschränken, wurde weder von England noch von Amerika erfüllt. England und seine Alliierten unternahmen vielmehr noch einen Schritt in entgegengesetzter Richtung, indem sie sich auch formell von der Londoner Deklaration lossagten. Als aber nach geraumer Zeit weitere blutige Opfer auf den Schlachtfeldern die Entente ihrem Ziele nicht näherbrachten, hielten die Mittelmächte den Zeitpunkt für ein Friedensangebot als gekommen. Die deutsche Regierung bezeichnete ihr Kriegsziel als erreicht. Der Verlauf des Krieges habe bewiesen, dass die Widerstandskraft der Mittelmächte nicht gebrochen werden könne. Ihr Wunsch ginge nicht dahin, die Gegner zu zerschmettern oder zu vernichten. Die Stärke mache nicht taub gegen das Verantwortlichkeitsgefühl. Der erreichte Erfolg ändere nichts an der Tatsache, dass die Mittelmächte zur Ergreifung der Waffen gezwungen worden seien. Diese stellten nunmehr der Machtfrage die Menschlichkeitsfrage gegenüber. Deutschland kämpfe nur, solange es nötig sei zur Sicherung der nationalen Bestimmungen. In Österreich-Ungarn wurde nach Ablehnung des Friedensangebotes offiziell gesagt: Wir führen den Krieg, weil wir ihn zur Rettung unseres angegriffenen Landes führen müssen. Wir werden ihn solange führen, aber nicht eine Minute länger, als zur Rettung und Sicherung unserer Existenzbedingungen nötig ist. Ein dauerhafter Friede könne nur so beschaffen sein, dass er bei niemand Revanchegedanken erregen könne. Nicht lange vor Abgabe des Friedensangebotes hatte der Führer der deutschen Sozialdemokratie sich so ausgesprochen: Unsere Feinde können nicht mehr besiegt werden. Sie brauchen auch nicht mehr besiegt zu werden, weil Deutschland den Krieg nur zu seiner Verteidigung führt. Beschränken wir den Kampfpreis auf die Erhaltung unseres Bestandes von 1914, bereichert um das Schmuckstück einiger Verträge, so müssen wir mit dem Erreichten zufrieden sein.

Die Ententemächte lehnten aber das Friedensangebot unter den heftigsten Beschimpfungen der Mittelmächte ab. Sie wollten von einem Frieden ohne Sieg und ohne Zerschmetterung der Feinde nichts wissen. Vorher sei ein Friede nicht möglich, welcher nicht die Wiedergutmachungen, Rückerstattungen und Bürgschaften sichere als ein Recht infolge des Angriffes, für den die Mittelmächte die Verantwortung trügen, und der im Ursprung daraus abzielte, Europa zugrunde zu richten. Die dann noch näher angeführten Kriegsziele liefen auf eine Vernichtung der Kraft, des Daseins und der zukünftigen Entwickelung der Mittelmächte hinaus.

Da nun aus diese Weise die Erkenntnis gekommen war, dass der Krieg nicht ohne energische Benutzung aller zur Verfügung stehenden Hilfsmittel in absehbarer Zeit, und voraussichtlich nur um den Preis der Erschöpfung, zu Ende zu bringen war, entschloss sich die deutsche Regierung endlich zur Aufnahme des uneingeschränkten U-Boot-Krieges, der schon längst von gewichtigen Kreisen des Volkes gefordert worden war. Die Regierung hielt den Zeitpunkt jetzt für gekommen, da man im Gegensatz zu früher jetzt mit der größten Aussicht auf Erfolg an die Aufgabe herangehen könne. Die inzwischen eingetretene Verstärkung der Waffe, die zunehmende Frachtraumnot des Gegners und die schlechte Weltgetreideernte wirkten zusammen. Außerdem wäre nach dem Urteil der Heeresleitung die militärische Gesamtlage genügend stark für alle möglichen Folgen. In einer Note an die amerikanische Regierung wird weiter ausgeführt, dass der Entschluss durch den Zwang veranlasst sei, dass die Gegner den Kampf aufs äußerste wollten mit ausgesprochenem Vernichtungswillen. Hierdurch sei eine „neue Sachlage« entstanden. Seit zweieinhalb Jahren missbrauche England seine Flottenmacht, um Deutschland durch Hunger zur Unterwerfung zu zwingen. In brutaler Missachtung des

Völkerrechtes unterbinde es den legitimen Handel seiner Gegner und nötige durch rücksichtslosen Druck die Neutralen, ihren Handel durch willkürliche Vorschriften einzuschränken. England verharre auf dem Aushungerungskrieg und handle gegen jedes Gebot der Menschlichkeit. Jeder Tag bringe neue Vernichtung und neuen Tod. Jeder Tag der Abkürzung des Krieges sei daher eine Wohltat für die gepeinigte Menschheit. Deutschland könne kein Mittel unversucht lassen, das Ende des Krieges zu beschleunigen. Gegenüber der verstärkten Kampfansage der Gegner müsse Deutschland die Beschränkungen fallen lassen, die es sich bisher in der Verwendung der Kampfmittel zur See auferlegt hätte. Es folgt dann noch ein Ausdruck der Hoffnung, dass die amerikanische Regierung die neue Sachlage von der hohen Warte der Unparteilichkeit würdigen würde. Die amerikanische Regierung antwortete darauf lediglich mit dem Abbruch der Beziehungen, ohne zu einer Begründung weiter Veranlassung zu nehmen.

Die deutsche Regierung aber bezeichnete es als ihren unwiderruflichen Entschluss, zu fechten, bis der Feind zum Frieden bereit sei. Der uneingeschränkte U-Boot-Krieg würde unter allen Umständen durchgeführt werden. Der Krieg solle ein Ende finden durch einen dauerhaften Frieden, der Entschädigung gewähre für alle erlittene Unbill. Nach Möglichkeit sollten die Schwierigkeiten der neutralen Schifffahrt durch Deutschland gemildert werden, die letzten Endes durch die brutale englische Seetyrannei hervorgerufen seien. Diese Knechtung würde gebrochen werden. Die Sachlage stand nun folgendermaßen: Die Entente wollte nach wie vor unter allen Umständen den Sieg erzwingen. Die Mittelmächte wollten den Nachweis erbringen, dass das nicht möglich sei. Auf der einen Seite war das Ziel Niederwerfung und Vernichtung, auf der anderen Sicherung der Daseinsbedingungen. Die Entente lehnte jede Verhandlung vor Niederwerfung und Sieg ab. Die Mittelmächte blieben beständig in jedem Augenblick bereit dazu. Aber die öffentliche Meinung in Deutschland war in höchstem Maße geteilt über die Frage der Beschaffenheit des Friedensschlusses. Neue Nahrung wurde dieser Zerrüttung zugeführt durch die russische Revolution, und besonders der vorhandenen Strömung für einen Friedensschluss ohne Sieg, d.h. bevor der Gegner zum Standpunkt seiner endgültigen Niederlage gelangt war. Bezüglich einer Kundgebung der provisorischen russischen Regierung wurde deutscherseits offiziös erklärt, dass diese mit mehrfachen deutschen Erklärungen übereinstimme. Beide Parteien erstrebten danach nichts als die Sicherung des Daseins, der Ehre und der Entwicklungsfreiheit. Es läge nicht im Interesse der Mittelmächte, dass das russische Volk aus dem Kampf erniedrigt und in seinen Lebensbedingungen erschüttert hervorgehe. Sie wollten mit einem zufriedenen Nachbar in Eintracht und Freundschaft leben. Und österreichisch-ungarischerseits wurde hinzugefügt, dass sich die beiderseitigen Kriegsziele deckten, und dass es unter diesen Umständen nicht mehr des Kampfes bedürfe. In Russland rangen aber noch die revolutionären Parteien um die Macht, und die Wage des russischen Kriegsziels befand sich noch im heftigen Schwanken. Kurz vor jener Kundgebung der Regierung, die unter dem Druck des sozialistischen Arbeiter- und Soldatenrates abgefasst war, hatte der auswärtige Minister Miljukow erklärt, dass der Endsieg für die Lösung der großen Probleme unumgänglich sei. Deutschland stelle das einzige ernsthafte Hindernis dar, neue Grenzen festzustellen. Es müsse die Umformung der Karte Europas, besonders im Südosten, erreicht werden. Das Programm der Alliierten umfasse die Punkte:

Befreiung der Völker unter türkischer Herrschaft und Neuorganisation von Österreich-Ungarn von Grund auf, als Gegengewicht gegen die usurpatorischen Pläne Deutschlands. Und später erklärte der russische General Brussilow, dass der Arbeiterrat sich jeder Einmischung enthalten müsse. Bis zu dem Augenblick, wo der Feind geschlagen und der deutsche Militarismus und Imperialismus vernichtet sei, könne es kein ruhmreiches und mächtiges Russland geben. Ohne vorwärts zu marschieren, könne das Land nicht gerettet werden.

Die deutsche Sozialdemokratie hielt aber mit Rücksicht auf die russische Revolution die Zeit für gekommen, in Verbindung mit der internationalen Sozialdemokratie ihr Friedensprogramm durchsetzen zu können. Sie war der Meinung, dass die Sicherung des Daseins und der Entwicklung keiner besonderen Kriegsforderungen materieller Art bedürfe, und hielt jene für ausreichend gesichert durch Beitritt zu einer überstaatlichen Organisation und durch Anerkennung einer obligatorischen Schiedsgerichtsbarkeit. Für diesen Gedanken war bereits Präsident Wilson eingetreten in einer Botschaft, die er nach Ablehnung des Friedensangebotes der Mittelmächte an den Senat richtete. Aber im Gegensatz zur Sozialdemokratie hielt er ein solches Programm nur unter einigen Voraussetzungen für durchführbar. Er könne dem amerikanischen Volke den Beitritt zu einer Friedensliga nur unter bestimmten Bedingungen empfehlen. Es mache einen großen Unterschied aus, unter welchen Umständen zunächst der Krieg beendet wird. Die Elemente des Friedens müssten den amerikanischen Prinzipien entsprechen. Bloße Vereinbarungen dürften den Frieden nicht sichern. Ob eine Kraft geschaffen werden könne, weit größer als irgendeine andere Kraft, welche die Dauerhaftigkeit des Friedens verbürgen könne, hänge davon ab, ob der Krieg ein Kampf um einen gerechten und sicheren Frieden oder nur um ein neues Gleichgewicht der Kräfte ist. Es sei in erster Linie die nötige Gemeinschaftsgesinnung nötig, woraus folge, dass es ein Frieden werden müsse ohne Sieg. Ein Sieg würde Demütigung, Härte und unerträgliches Opfer bedeuten. Die richtige Gesinnung sei nötig, ebenso wie eine gerechte Lösung streitiger Gebietsfragen oder von Fragen über Rasse- und Stammesangehörigkeit. Die Gleichheit könne nur in der Gleichheit des Rechtes bestehen, nicht in der Gleichheit der Gebiete und Hilfsmittel. Kein Friede könne dauern, der nicht den Grundsatz annimmt, dass die Regierungen ihre Macht ableiten von der Zustimmung der Regierten. Soweit möglich, sollte jedes große Volk einen direkten Ausgang zu den großen Heerstraßen zur See haben, sei es durch Gebietsabtretung, sei es durch Neutralisierung der Zufahrtswege. Auch der Seeweg müsse durch gesetzliche Bestimmungen frei sein. Freiheit der Meere sei eine conditio sine qua non des Friedens. Der ununterbrochene freie Verkehr von Volk zu Volk sei ein wesentlicher Teil der Entwicklungsfreiheit. Aber viele internationale Regeln müssten zu diesem Zweck radikal umgearbeitet werden. Zum Schlusse spricht der Präsident noch über die Frage der Einschränkung der Rüstungen und der militärischen Vorbereitungen.

Die Wilsonsche Voraussetzung war somit die, dass durch den Frieden ein ruhiges Europa geschaffen wird, was wiederum das Vorhandensein der rechten Gemeinschaftsgesinnung voraussetzt. Auch materiell kann nach seinem Programm nicht alles beim alten bleiben. Weder die streitigen Gebiets- und Rassenfragen, noch die Freiheit der Meere sind nach der Wilsonschen Ansicht ohne materielle Änderungen zu lösen. Offenbar kann aber die Art und Weise der Ablehnung des Friedensangebotes der

Mittelmächte durch die Entente nicht als eine Bekundung des von Präsident Wilson verlangten Gemeinschaftsgeistes angesehen werden, ebenso wenig wie die proklamierten Kriegsziele ein befriedigtes und ruhiges Europa in Aussicht stellen konnten. Der verlangte Friede ohne Sieg wurde von der Entente schroff abgelehnt. Das hinderte aber Präsident Wilson nicht, die dem Frieden geneigte Haltung der Mittelmächte nicht zu würdigen. Hatte er schon vorher als Neutraler Deutschland durch Drohungen gehindert, den Sieg der Entente zu vereiteln, so ging er nach Proklamierung des unbeschränkten U-Boot-Krieges nun selbst zur kriegerischen Tat über. Die Abwägung der von ihm geforderten Gleichheit des Rechtes hatte ihn lediglich dahin geführt, die englische Seesperre zuzulassen, aber nicht die deutsche, obwohl die letztere die Folge der ersten war. Nun ging er dazu über, die erstere noch durch Waffengewalt zu unterstützen. Präsident Wilson hätte es dabei belassen können, die Errichtung der deutschen Seesperre als Kriegsgrund zu bezeichnen. Aber nun konnte er doch nicht umhin, die Mauserung vom Friedensanwalt zum Kriegsanwalt vorzunehmen, da er die öffentliche Meinung des amerikanischen Volkes und die der übrigen Welt nach angelsächsischer Methode stärker beschwören und deshalb mit seiner wahren Gesinnung an das Tageslicht treten musste. Er warf die Hülle des U-Bootsbekämpfers als solchen und des Schützers amerikanischen Lebens im Sperrgebiet und der damit in Verbindung stehenden amerikanischen Ehre ab und bekannte sich nun zur grundsätzlichen Gegnerschaft. Er beschuldigte die deutsche Regierung, den Krieg aus verwerflichen Gründen hervorgerufen zu haben ohne Initiative, Billigung und Kenntnis des Volkes. Der Krieg sei beschlossen worden von Machthabern, im Interesse der Dynastie und einer kleinen Gruppe Ehrgeiziger, welche gewohnt seien, ihre Landsleute als Werkzeug zu benutzen. Solche schlau ersonnenen Pläne für Betrug und Angriff könnten nur in der Heimlichkeit eines Hofes gedeihen. Sie seien unmöglich, wo die öffentliche Meinung den Ausschlag gäbe. Präsident Wilson verleiht schließlich diesem Krieg den Charakter eines Krieges zwischen Autokratie und Demokratie, wofür der Eintritt der russischen Revolution sehr gelegen kam. Nur demokratische Staaten, d.h. im Sinne Wilsonscher Definition, könnten auch als Teilnehmer an einem Friedensbund in Betracht kommen. Denn Vereinbarungen mit autokratischen Regierungen seien nicht haltbar. Es könne sich nur um einen Bund der Ehre handeln. Eine Regierung wie die deutsche könne niemals ein Freund Amerikas sein. Der Fehdehandschuh gegen diesen natürlichen Feind der Freiheit müsse aufgenommen werden. Der Kampf sei wertvoller als der Frieden. Amerika kämpfe für die teuersten Güter: für die Demokratie, für das Recht und die Freiheit der kleinen Nationen.

Der nunmehr klargestellte Standpunkt des Präsidenten macht es ohne weiteres verständlich, weshalb die ihm im Verlauf des Krieges wiederholt seitens der deutschen Regierung unterbreiteten Hoffnungen auf eine Zusammenarbeit zur Erreichung der Freiheit der Meere und auf eine Würdigung des deutschen Standpunktes von der hohen Warte der Unparteilichkeit der amerikanischen Regierung vergeblich sein mussten. Der Grund lag in der Solidarität der amerikanischen Interessen mit den englischen, in der Gemeinsamkeit des Angelsachsentums. In dieser Erkenntnis sprach Schweden in Beantwortung der amerikanischen Aufforderung, dem gegebenen Beispiel zu folgen und die Beziehungen zu Deutschland abzubrechen, sein Bedauern aus, dass die Interessen es Amerika nicht gestattet hätten, sich der Zusammenarbeit für die Aufrechterhaltung des

Völkerrechtes anzuschließen. Deshalb das zweierlei Maß, welches Präsident Wilson für die Abmessung des völkerrechtlichen Verhaltens Deutschlands und Englands im Wirtschaftskrieg benutzte, und deshalb durfte Balfour gelegentlich seiner amerikanischen Mission die „denkwürdigen Tage der wohlwollenden Neutralität Amerikas« rühmen, welche es England erwiesen hätte. Deshalb bekannte sich Präsident Wilson zu einer Auslegung der Neutralität, welche in entscheidender Weise die Kriegsdurchführung seitens der Entente ermöglichte. Deshalb ließ er den so viele Erfolgsaussichten bietenden englischen Wirtschafts- und Aushungerungskrieg sich entwickeln, wandte die Folgen aus dem Verlassen Englands von Seerecht und Deklaration nicht ab, verhinderte aber Deutschland, die Folgen selbst abzuwenden. Deshalb wurde auch der Humanitätsgedanke in den Dienst der angelsächsischen Interessen gestellt. Die Noten von Präsident Wilson drehten sich förmlich und den Humanitätspol. Die humanitäre Fürsorge kam dabei aber nicht in einer Gesamterfassung zum Ausdruck, sondern beschränkte sich ausschließlich auf die im Sperrgebiete zugrunde gegangenen amerikanischen Leben. Es wurde das heilige Vorrecht des Nichtkämpfers betont. Unbeteiligte dürften nicht getötet werden. Präsident Wilson ließ aber amerikanische Unbeteiligte auf feindlichen Bannwarenschiffen durch das Sperrgebiet fahren, lehnte alle Vorschläge zur Sicherung des amerikanischen Lebens ab, gestattete die Bewaffnung der Handelsdampfer und zwang anderseits die U-Boote, sich angriffs- und vernichtungsfähig zu machen.

Die Predigt Präsident Wilsons über die Richtlinien eines Friedensbundes auf Grundlage der richtigen Gemeinschaftsgesinnung ist daher durch sein praktisches Verhalten nicht gerechtfertigt worden, und seine Gemeinschaftsgesinnung hat sich als eine spezifisch angelsächsisch gerichtete erwiesen. Von dem Angelsachsentum ist nur ein angelsächsischer Friedensbund zu erwarten, in welchem seine Interessen sowie seine Macht den Ausschlag geben unter der Flagge eines auserwählten Werkzeuges für die Verbreitung menschlicher Kultur und einer wohlwollenden Wächterschaft auf dem freien Meer und seinen Straßen. Die anderen Völker müssen dagegen schwere Bedenken tragen, ihre Lebens- und Existenzinteressen den Entscheidungen eines Bundes auszuliefern, in welchem das Angelsachsentum Trumpf ist, und auf die Würdigung ihrer Interessen durch das Angelsachsentum können sie nicht rechnen. Kann man angelsächsischen Staatsmännern die unegoistische Fürsorge für das Wohl anderer Völker anvertrauen, und kann man annehmen, dass die angelsächsische Politik einmal eine andere Richtung einschlagen wird, so lange sie durch die Macht in genügender Weise gestützt wird?

Die Sozialdemokratie ist aber der Meinung, dass solche Fragen und Befürchtungen einen überwundenen Standpunkt darstellen, und dass, wenn nur möglichst schnell ein Versöhnungsfrieden ohne Sieg und Entschädigungen abgeschlossen wird, die Ära des ewigen Friedens nun bestimmt garantiert sei, und dass die neue überstaatliche Organisation dafür sorgen wird. Diese kann aber die großen Lebensfragen der Völker nicht aus der Welt schaffen und auch nicht verhindern, dass sie miteinander in einen nur schwer zu lösenden Widerspruch geraten. Durch einen Majoritäts-Machtspruch allein wird sie aber Lebens- und Existenzfragen nicht zu lösen vermögen, vielmehr auf die Beseitigung der Ursachen der auftretenden Schwierigkeiten Bedacht nehmen müssen. Dazu müsste sie aber den richtigen Maßstab für die Beurteilung der großen Lebensfragen der Völker in der Hand haben. Auf Grund der Prinzipien von Recht und Gerechtigkeit allein wird man den Fragen der Entwicklung, des Wachstums und Verfalls nicht gegenübertreten können. Soll man das Kräftige und Fruchtbare unterbinden zugunsten des Unfruchtbaren? Kann man Leistungen und Grenzen der volkswirtschaftlichen Produktion der verschiedenen Völker bestimmen und den Umfang des damit in Zusammenhang stehenden und notwendigen Wirtschaftsaustausches? Will man die Verteilung der Märkte vorschreiben und den Austausch regeln? Das müsste zur Ordnung aller Einzelheiten führen und zum überstaatlichen Eingriff in die Volkswirtschaft und in die gesamte Ordnung der einzelnen Länder. Man würde also zu einem sozialistischen System gelangen oder eigentlich zu zwei großen Systemen, die aufeinander abgestimmt sein müssen, bestehend aus dem allgemeinen überstaatlichen System und einer Reihe von Einzelsystemen, welche durch die einzelnen Staaten ins Leben zu rufen wären, und damit wäre das Leben nicht nur durch die Natur, sondern auch durch die Weisheit des Menschen zuverlässig reguliert. Hieraus geht wohl die natürliche Seelenverwandtschaft zwischen den Gedanken hervor, welche zur überstaatlichen Organisation und zum obligatorischen Schiedsgericht führen, und der sozialdemokratischen Gedankenwelt, und es wird verständlich, dass der internationale Sozialismus seine Stunde für gekommen hält. Die deutsche Sozialdemokratie glaubt daher die „realen Garantien« zur Sicherung des Friedens und Daseins in dem Kommen des sozialistischen Geistes erkennen zu sollen, welcher den richtigen Gemeinschaftsgeist darstelle, den Präsident Wilson verlangt, aber nicht selbst betätigt hat, und in dem nunmehrigen Beginn seines Herrscheramtes. Aber es müsse, um das zu ermöglichen, zunächst in Deutschland noch eine Vorbedingung erfüllt werden. Das deutsche Haus müsse zu diesem Zweck erst in der richtigen Weise demokratisch herausgeputzt werden, damit das allgemeine Vertrauen sich ihm zuwenden könne. Man müsse daher etwas Entscheidendes tun gegen die Predigt des heiligen Krieges, der in New York, St. Petersburg, Paris und London gegen die preußische Autokratie verkündet worden sei. Denn die anderen Staaten böten bereits die erforderlichen Garantien für den Zutritt zu der überstaatlichen Organisation durch ihre demokratischen Verfassungen.

Aber der von der Sozialdemokratie verkündeten „realen Garantie« für die Sicherung von Frieden und Dasein steht noch das Bedenken gegenüber, dass trotz den demokratischen Verfassungen jener Länder, welche die Kriegslösung der Friedenslösung im Jahre 1914 vorgezogen hatten, der Friede nicht zwischen sozialistischen Staaten abgeschlossen wird, und dass es auch noch nicht der Sozialismus sein wird, welcher die Staatsschiffe zunächst weiter steuert. Es entspricht daher der Vorsorge, lieber anzunehmen, dass bis auf weiteres die Staaten nach ihren Interessen geleitet werden, und dass neben der Welt der Wünsche noch eine Welt von Tatsachen vorhanden ist, der man nur in tatsächlicher Weise gegenübertreten kann. Den Tatsachen der Geographie, der Verschiedenheit und des Gegensatzes der Lebensinteressen und Existenzbedingungen, des Vorhandenseins einer herrschenden Seegewalt und einer jahrhundertelang bestehenden traditionellen Politik kann man nicht dadurch allein Rechnung tragen, indem man sagt, dass diesen Faktoren künftig durch die Gemeinschaft der Völker eine andere Rolle zugewiesen werden wird. Das hieße nichts anderes, als bei so starker Krankheitsdisposition der Staatenharmonie die Immunität zur Verhinderung des Krankheitsausbruches auf hypothetischen Wegen erreichen wollen, die im Grunde genommen auf die Hoffnung von der Wirkung frommer Wasser hinauslaufen. Angelsächsisches Blut wird sich nicht so ohne weiteres durch sozialistisches Allgemeinwasser ersetzen lassen, und es ist auch nicht anzunehmen, dass die angelsächsischen Reiche nach dem Rezept der deutschen Sozialdemokratie in Zukunft regiert werden. Durch dieses Rezept wird weder eine von deutschem Sozialismus erfüllte Haltung der englischen Flotte noch der erforderliche Altruismus der englischen Staatsmänner hervorgerufen werden. Die Frage des richtigen Friedensschlusses hängt wohl eher mit der Beantwortung der Frage zusammen, ob man mehr bauen soll auf das Selbstbewusstsein, das Überlegenheitsgefühl, die traditionelle Rücksichtslosigkeit, Härte und Zähigkeit der Engländer oder auf den Triumph des deutsch-russischen sozialistischen Verbrüderungsgeistes in der Politik des Angelsachsentums. Und Feldmarschall v. Hindenburg bekundet dazu folgende Meinung: Jede Regierung versündigt sich, welche sich durch pazifistische Ideen vom ewigen Frieden in volle Sicherheit einlullen lässt. Kein tapferes Volk wird seine nationale Ehre und sein Dasein irgendeinem Schiedsgericht anvertrauen. Es gibt eine Grenze, über die hinaus keine Friedensliga etwas vermag.

Eine der wichtigsten Fragen aber, die keinem Schiedsgericht und keiner Staatenliga anvertraut werden kann, betrifft die Freiheit der Meere mit allem, was dazu gehört. Dass Deutschland sie nicht besaß, hat den Krieg ermöglicht, und der Ausgang des Kampfes um dieselbe ist für Sieg, Niederlage, Zukunft und Dasein wesentlich entscheidend. Die Ursache der bisherigen Unfreiheit der Meere lag darin, dass auf den Meeren eine Suprematie bestand, und was das Gewicht des Seerechtes betrifft, so hat der Krieg vor Augen geführt, wie wenig dasselbe etwas mit der Freiheit zu tun, vielmehr diesbezüglich nur eine große Verwirrung des Geistes angerichtet hat. Die Freiheit ist nur auf dem Wege der Beseitigung der Suprematie zu erreichen oder dadurch, dass man sich unabhängig von ihr macht. Das hat bereits Lord Eromer angedeutet, als er von der sinnlosen und irreführenden Phrase der Freiheit der Meere sprach, die in Berlin erfunden sei als Euphemismus für die Zerstörung der englischen Seeherrschaft, welche für die ganze zivilisierte Welt ein Segen gewesen sei. Kraft kann aber nur durch Kraft im Gleichgewicht gehalten werden, und es kommt darauf an, eine ebenbürtige Gegenkraft zu schaffen, derselben den nötigen Spielraum zu geben und diesen nicht wieder durch einen verkehrten Friedensschluss zu vernichten. Die Macht zur Verhängung eines Sperrgebietes auf den Verkehrsstraßen zur See im Falle des Kriegszustandes muss festgehalten und im Friedensschluss auch rechtlich gesichert und anerkannt werden. Die Frage ist allerdings berechtigt, wie bei Verkündung von zwei Seestraßensperren im Kriegsfalle, einer deutschen und einer englischen, es mit der Ordnung auf der See aussehen wird, und ob nun ein ungeordnetes Chaos wiederum eintreten soll. Es ist einleuchtend, dass es unter diesen Umständen recht schwierig sein wird, brauchbare Ordnungsregeln ausfindig zu machen. Aber die Kriegführung wird aus diesem Grunde nicht wieder auf den alten Stand eines Krieges lediglich zwischen Heeren und Flotten zurückgeschraubt werden können, und die große vor sich gegangene Umformung kann nicht wieder rückgängig gemacht werden. Solche Kriege werden auch in Zukunft mit den gesamten Kräften der Völker geführt werden, und es ist nicht unwahrscheinlich, dass infolge seiner allumfassenden, verhängnisvollen Wirkung der Krieg nun in Wirklichkeit erst das wird, als was er schon früher sprichwörtlich bezeichnet worden ist, nämlich die ultima ratio regis. Dazu gehört aber, dass dem Gegner das Risiko genügend groß gemacht wird, zu dieser ultima ratio seine Zuflucht zu nehmen.

Die Schwierigkeit, welche der Ordnung zur See aus der doppelseitigen Sperre erwächst, liegt aber nicht auf deutscher, sondern auf der englischen Seite, weil England eine solche Sperre im Gegensatz zu Deutschland nur durchführen kann durch empfindliche Beeinträchtigung der Souveränität der Deutschland benachbarten neutralen Staaten und ihrer selbständigen Wirtschaftsführung. Aus diesen Schwierigkeiten nun einen brauchbaren Ausweg zu finden, wird für die völkerrechtlichen Gelehrten und Sachverständigen eine ebenso anziehende wie verwickelte Aufgabe darstellen. Aber soweit Deutschland dabei in Betracht kommt, so ist es jetzt nicht seine wichtigste Aufgabe, eine neue Rechtsordnung zu schaffen, sondern die Freiheit zu erringen und sicherzustellen. Deutschland hat den gleichen Anspruch auf Freiheit wie England, und wie es die Neutralen für sich beanspruchen. Die deutsche Freiheit muss künftig für jede Rechtsordnung auf der See die Voraussetzung sein, wobei zu berücksichtigen ist, dass das Recht nicht nur Pflichten aufzuerlegen, sondern auch selbst solche zu erfüllen hat. Es wird nicht beanspruchen können, See- und Heeresmacht durch seine Ordnungen unwirksam zu machen, wenn dieselben für die Existenz ihrer Völker zu kämpfen haben, oder etwa wie bisher hauptsächlich das in Betracht zu ziehen, was naturgemäß nur der einen Partei zum Vorteil gereichen kann. Schon auf den Haager Konferenzen sagte Freiherr v. Marschall: Man muss sich hüten Regeln vorzuschreiben, deren strikte Beobachtung durch die Macht der Tatsachen unmöglich werden könnte. Die Erfüllung müsse auch unter außerordentlichen Verhältnissen militärisch möglich sein. Sonst sinke die Achtung vor dem Gesetze. Vertragsuntreue ist unter allen Umständen zu tadeln, aber anderseits müssen Verträge auch ein gutes und richtiges Fundament haben und nicht zu den Kräften und Notwendigkeiten des Lebens im Widerspruch stehen und schließlich auch nicht die Menschen in eine Kollision der Pflichten bringen. Das Recht ist mit den Lebensfragen nah verbunden und hat nur Bestand in dieser unlösbaren Verbindung. Ohne diese Verbindung ist es wertlos und schädlich.

Deutschland hat aber die Aufgabe, aus der unhaltbaren Lage herauszukommen, in welcher es sich durch die Unfreiheit der Meere vor dem Kriege befand, und dank welcher es während des Krieges in der gefährlichsten Weise in seiner Existenz bedroht worden ist. So lange diese offene Wunde bleibt, ist die Zukunft ohne Sicherheit, und die Gefahr der Verkümmerung und Erdroffelung bleibt bestehen. Die Freiheit aber darf nicht lediglich eine vertragsmäßige sein und in unsicheren gesetzlichen Notbehelfen bestehen, sondern sie verlangt die Tatsächlichkeit. Für Deutschland bedeutet die Freiheit der Meere oder die Befreiung von fremder Seegewalt aber nicht nur freie Schifffahrt allein. Sie bedeutet gleichzeitig die Sprengung des Eckpfeilers der Koalition, welche gegen Deutschland herangeführt worden ist, sie bedeutet Sicherheit seines internationalen Wirtschaftsaustausches, der mit der Entwicklung der heimischen Wirtschaft Schritt halten muss, und sodann auch bedeutet sie die Grundlage für ein neues solidarisches Europa und für ein gesichertes Kolonialreich.

Die deutsche Freiheit zur See ist an sich nicht gleichbedeutend mit der allgemeinen Freiheit. Sie beeinträchtigt dieselbe aber auch nicht. Denn die im Kriegsfall gegen England auszuführende Verkehrssperre stützt sich auf die Notwendigkeit und das Recht des Kriegführenden, die Zufuhr von Gütern zum Feinde zu verhindern, durch welche seine Kriegführung gefördert wird. Anderseits ist es aber auch nicht Deutschlands Pflicht, für die allgemeine Freiheit zu sorgen, und für diesen Zweck hat es nicht sein Blut vergossen. Deutschlands Befreiung von der britischen Suprematie auf dem Meere beruht darauf, dass es Englands Verkehrswege sperren und dasselbe dadurch verhindern kann, seine Lebensinteressen zu verletzen. Dieses Schutzmittel kommt aber nur für Deutschland selbst sowie für seine Freunde in Betracht und kann naturgemäß anderen Völkern, wenn sie in Konflikt mit der englischen Seemacht gelangen, als Sicherung nichts helfen. Für Deutschland liegt aber das Bedürfnis für ein sicheres Schutzmittel am dringendsten, während die Bedeutung der Freiheit der Meere nicht für alle Staaten gleichmäßig groß ist. Für Völker mit in sich geschlossenem Wirtschaftsgebiete liegt es anders als für solche, die auf einen regen Austausch über See angewiesen sind. Es kommt die verschieden große Störungsempfindlichkeit hinzu. Ein Gebiet mit Landgrenzen befindet sich in einer anderen Lage als ein lediglich von der See umgebenes. Es besteht auch ein Unterschied, ob ein Land neutrale oder feindliche Nachbarschaft besitzt, und ob die neutralen Nachbarn stark oder schwach, von freundlicher oder feindlicher Gesinnung und in ihren Existenzbedingungen mehr oder weniger abhängig sind von anderen Mächten. In besonderer Weise liegt aber das Verhältnis zwischen Deutschland und England. Das Gebiet des Deutschen Reiches besitzt eine Ausdehnung von nur wenig über 500 000 Quadratkilometern und ist bewohnt von 67 Millionen Menschen. Es befindet sich nicht in der Lage, die zur Unterhaltung von Menschen und Vieh erforderlichen Landprodukte in ausreichendem Umfang selbst zu erzeugen, und wenn auch dieser große Übelstand gemildert werden kann und muss durch Einbeziehung von okkupierten Gebietsteilen Russlands in den dem deutschen Volke zur Verfügung stehenden gesicherten Bestand an Grund und Boden, so bleibt Deutschland doch angewiesen auf eine umfangreiche Überseeeinfuhr von zahlreichen Rohstoffen und ist deshalb genötigt, einen regen Austausch mit der ganzen Welt zu pflegen und zu diesem Zweck auch überall wirtschaftliche Einrichtungen zu treffen und zu unterhalten, die Schutz und Sicherheit voraussetzen. Obwohl nun England dadurch nicht verhindert wird, seine eigene Wirtschaftskraft in der Welt frei zu entfalten, und die Tatsachen auch den Beweis von dem Erfolg dieser Entfaltung gebracht haben, so hat sich doch gezeigt, dass die englischen Interessen sich durch die Entwicklung des deutschen Wirtschaftslebens beeinträchtigt fühlten. Denn das englische Interesse verlangt eine Vorzugsstellung, eine Herrenstellung in der Welt und befürchtet die allmähliche Ersetzung derselben durch eine Gleichstellung, was noch rechtzeitig und vor Toresschluss verhindert werden muss. Dass das englische Kriegsziel wesentlich mit auf diese Frage hinausläuft, ergibt sich auch aus den planmäßigen englischen Veranstaltungen im Verlauf des Krieges, die deutschen Wirtschaftseinrichtungen in England sowohl wie überall in der Welt, soweit englische Macht reicht, aufzulösen und zu zerstören, und die Wirtschaftskonferenzen in Paris zeigen noch weiter, dass die Absicht besteht, auch nach dem Kriege den deutschen Wirtschaftsbetrieb in der Welt nicht wieder aufkommen zu lassen. Zu diesem Zwecke sind auch für die eigentliche Kriegführung nicht in Betracht kommende Staaten, wie Portugal, China und Brasilien, in die Koalition einbezogen worden. Somit hat sich die englische Suprematie auf den Meeren wie eine Barriere vor die deutsche Entwicklung gelegt, so dass ihre Beseitigung eine deutsche Lebensfrage geworden und die Bedeutung der Freiheit der Meere in das hellste Licht getreten ist.

In gewissem Sinne ist nun die geographische Lage Englands und die Vorlagerung der britischen Inseln vor den deutschen Küsten gleichzeitig Unglück und Glück für Deutschland bei der vorliegenden Sachlage. Die deutschen Schiffe müssen den Wirkungsbereich der britischen Inseln passieren, und es ist nicht möglich, die englische Seemacht an der Aufhebung dieses Verkehrs zu verhindern. Daran wird auch in Zukunft durch die Entwicklung der Technik nichts geändert werden können, denn auch England macht sich die Fortschritte der Technik dienstbar, und Vorsprünge auf der einen Seite werden in absehbarer Frist wieder eingeholt und auch übertroffen. Die Fahrt eines auf der Oberfläche des Wassers sich bewegenden Schiffes kann eben nur schwer geschützt werden, sobald es in den Aktionsradius geeigneter Waffen tritt. Aber diese Gefahr liegt jetzt auch für die englische Schifffahrt vor. Sie bestand so lange nicht oder nur unwesentlich, als die Kriegsflotten lediglich aus Linienschiffen, Kreuzern und Zerstörern in der alten Weise zusammengesetzt waren. Denn auf diesem Gebiet war die englische Seemacht stets so stark überlegen, und das wird voraussichtlich so bleiben, dass sie das Meer frei zu halten vermochte von feindlichen Kriegsfahrzeugen ähnlicher Art, ganz abgesehen davon, dass die englische Flotte auf die Fahrstraßen in der Nähe ihrer Inseln infolge der starken Basis, welche diese durch die ausgedehnte Küstenentwicklung mit ihren zahlreichen guten Häfen bieten, in viel wirksamerer Weise einzuwirken vermag, als es einer anderen, auch gleich starken und selbst überlegenen Flotte möglich sein würde. Die Bedrohung der Fahrstraßen wurde nun aber in diesem Kriege auch für England aktuell, als die Technik eine neue Entwicklung genommen hatte.

Das U-Boot hat sich als eine Waffe erwiesen, welche nur schwer durch Kriegsfahrzeuge anderer und auch gleicher Art daran gehindert werden kann, die Handelsschifffahrt auf das empfindlichste zu stören und zu lähmen, und es ist nur eine Frage der Anzahl der zur Verfügung stehenden Boote, bis zu welchem Umfange die Lähmung der Schifffahrt ausgedehnt werden kann. Man würde aber zu weit mit der Annahme gehen, dass das Problem, vor welches die deutsche Technik gestellt worden war oder planmäßig und frühzeitig hätte gestellt werden sollen, nämlich die englische Schifffahrt ebenso lähmungsfähig zu machen als es mit der deutschen der Fall ist, nun für alle Zeiten als endgültig gelöst anzusehen ist. Die technische Entwicklung bleibt nicht stehen und wird nicht rasten in der Auffindung von Mitteln, die Anwesenheit von U-Booten ausfindig zu machen und sie an ihrer Wirksamkeit zu behindern. Bis jetzt haben solche Mittel noch nicht die umfangreiche Wirksamkeit des U-Boots zu verhindern vermocht, aber erhebliche Fortschritte sind in dieser Richtung mit der Zeit doch zu erwarten. Deshalb ist es von großer Wichtigkeit, nicht alles auf diese Karte allein zu setzen, sondern auch noch nach anderen Richtungen für die Lösung der Aufgabe geeignete Waffen zu entwickeln. Denn die Technik hat noch viele Pläne und Möglichkeiten in ihrem Schoße, deren zielbewusste Durcharbeitung eine Notwendigkeit ist, weil die Lösung der Aufgabe, welche immer nur eine relative und keine absolute sein kann, nicht in der Erreichung eines ein für allemal Feststehenden besteht, sondern in der Frucht beständig erneuter Gestaltungsarbeit. Auch auf diesem Gebiet müssen Freiheit und Leben täglich neu erobert und gesichert werden. Nur müssen die Kräfte zu diesem Zweck tätig und frei bleiben. Eine besondere Bedeutung besitzt auch die weitere Ausbildung der Luftwaffe, deren Entwicklungsraum sich noch weit ausdehnt, und welche späteren Kriegen zu Wasser und zu Lande neue Gestalt geben wird. Aber gerade auch für die Lustwaffe ist das Vorhandensein einer brauchbaren geographischen Basis von der wesentlichsten Bedeutung.

Das tritt um so mehr hervor, wenn man genötigt wird, durch die Luft schwere Lasten zu transportieren und an bestimmte Bestimmungsorte zu bringen. Luft ist bei 0° 773mal so leicht als Wasser, und daraus folgt, dass es nötig ist, die Basis möglichst nahe an die Bestimmungsorte heranzubringen und auf derselben schon in Friedenszeit für planmäßige militärische Einrichtungen Vorsorge zu treffen. Die fundamentale Wichtigkeit des gesicherten militärischen Besitzes der flandrischen Küsten für die deutsche Freiheit der Meere und für den Kampf mit England geht hieraus ohne weiteres hervor, ganz abgesehen von der Wichtigkeit dieser Basis auch für die Flotte selbst sowie für die gegenwärtigen und zukünftigen militärischen Angriffs- und Verteidigungsmittel auf und unter der Wasserstäche sowie für die gesamte Kriegssicherung Deutschlands. Es darf in diesem Zusammenhang auch nicht unerwähnt bleiben, dass die zukünftige Sicherung Deutschlands auch der Garantie bedarf, dass die Besetzung Frankreichs durch englische Truppen mit dem Kriege ein Ende nimmt und auch nicht umgangen werden kann durch Anlage von Tunnelverbindungen zwischen beiden Ländern, wodurch ein großes Loch in die Sperre der englischen Küsten und damit auch in die Freiheit der Meere geschlagen werden würde.

Wenn weite deutsche Kreise aus der Art des Ursprungs des Krieges und angesichts der schweren Opfer und Existenzgefahren, welche er hervorgerufen hat, nun zu der Meinung gekommen sind, dass Deutschland zu seiner Sicherung vor den Zwang gestellt ist, den Vernichtungsangriff, als dessen Mittelpunkt sich die englische Suprematie herausgestellt hat, nicht nur bis zu dem Punkte zurückzuweisen, dass der Angreifer keine greifbare Chance zur Fortsetzung mehr sieht, sondern darüber hinaus einen ausgesprochenen Sieg zu erringen, um dadurch das Übergewicht der Suprematie zu brechen und auch für die Zukunft unschädlich zu machen, so bleiben sie damit noch weit hinter dem zurück, was England und seine Freunde von ihrem Standpunkt aus und für sich als selbstverständlich ansehen, falls ihnen der Sieg zufällt. Die neueste Entente-Phraseologie behufs Anpassung an die Ausdrucksweise des revolutionären Russlands darf darüber nicht hinwegtäuschen. Denn in England will man viel weitergehende Maßregeln zur Aufrechterhaltung und Vollendung seiner Weltherrschaft treffen. Hier sind es aber die leitenden Staatsmänner selbst, welche auf diesem Standpunkt stehen. Sie lassen es nicht zweifelhaft, dass die deutsche Macht, welche den Wünschen der Entente entgegensteht, zerbrochen werden muss. Die bestehenden Ursachen müssen weitgehend, so sagen sie, geschwächt und entfernt werden, und zu diesem Zweck sei es notwendig, den preußischen Militarismus zu zertrümmern. Das bestehende Übel würde stark gemindert werden, wenn der Sieg erreicht wird. Balfour sagt, dass der Hauptumstand des Unglücks in dem Vorhandensein einer Großmacht bestände, die von Herrschbegierde verzehrt würde, und dass, wenn Deutschland Deutschland bleibe, kein Staat sein Recht als geschützt ansehen könnte. Besser kann die Meinung nicht ausgedrückt werden, die in Deutschland über England und über das Vorhandensein seiner Suprematie besteht. Hier jedoch spricht man nicht von der Zertrümmerung Englands und der Zerstörung seiner Seegewalt. Aber wenn die deutschen Verteidigungsmittel und -einrichtungen sich nicht als stark gering erwiesen haben, von dem Angriff abzuschrecken und die Zukunft vor der Gefahr der Verkümmerung zu schützen, so müssen sie verstärkt werden. In der Erschöpfung allein kann nicht bestenfalls unsere Sicherung bestehen. Es kann nicht für die Dauer die eine Partei allein über entscheidende Machtmittel verfügen, die in der ganzen Welt wirksam sind, ohne dass die andere Partei nach einem Äquivalent Umschau hält, das das nötige Gegengewicht darstellt. Dieses kann aber ohne einen entscheidenden Sieg nicht erlangt werden.

Nun haben aber die Regierungen der Mittelmächte im Verlaufe des Krieges wiederholt und unzweideutig erkennen lassen, dass sie zwar den Krieg bis zum siegreichen Ausgang durchführen wollen, dass sie diesen aber für gekommen halten, sobald der Gegner sich davon überzeugt habe, dass die Widerstandskraft der Mittelmächte nicht gebrochen werden kann. Der Krieg würde nur so lange, aber keine Minute länger, geführt werden, als zur Sicherung der Existenzbedingungen nötig sei. Es ist aber nicht mit einer für das Verständnis ausreichenden Klarheit zum Ausdruck gekommen, wie die erstrebte Sicherung der Existenzbedingungen aufzufassen ist. Soviel ist indessen gesagt worden, dass dazu auch die Freiheit der Meere gehören solle, und dass zwar eine Annexion Belgiens nicht in Frage komme, wohl aber solle Belgien unter keinen Umständen zur Unterstützung englischer Angriffe benutzt werden können. Kein Anhaltspunkt ist jedoch aus den offiziellen Verlautbarungen darüber zu gewinnen, ob die zukünftige Freiheit der Meere auf deutsche Macht und Waffen allein gegründet werden soll. Man muss es vielmehr als so gut wie feststehend ansehen, und die zwischen der deutschen und der amerikanischen Regierung ausgetauschten Noten, die unter dem Leitwort standen: „Zurück zur Londoner Deklaration«, lassen darüber auch kaum einen Zweifel, dass die Freiheit auf neue internationale Verträge gestellt werden soll, etwa nach dem Muster der Londoner Deklaration, und dass der Erfolg zur Erreichung dieses Zieles in der Nötigung oder Bereitwilligkeitserklärung Englands zu bestehen habe, sich auf diesen Boden zu stellen, auf den Aushungerungskrieg vertragsmäßig zu verzichten und die Kriegführung wieder auf den alten Krieg zwischen Heeren und Flotten zu beschränken. Das wäre aber wieder die alte Freiheit der Meere, wie sie vor dem Krieg nach der allgemeinen Meinung von rechtswegen bestanden hat, die in Wirklichkeit jedoch nur eine scheinbare Freiheit gewesen ist, der altgewohnte Euphemismus für die Unfreiheit und die englische Suprematie. Die neue deutsche Freiheit der Meere würde also dann zu ihrer Sicherung aller Wahrscheinlichkeit nach in dem nach Abschluss des Krieges zu begründenden Friedensbunde ihre Verankerung finden. Denn die deutsche Regierung hat sich dahin ausgesprochen, dass nach dem Kriege durch die ganze Menschheit ein Schrei nach friedlichen Abmachungen und Verständigungen gehen wird, um die Wiederkehr von Katastrophen zu verhindern, und dass dieser Schrei so stark sein wird, dass er zur Verständigung führen müsse. Deutschland würde zu jedem Versuche für eine praktische Verständigung die Hand bieten.

Wie aber Deutschland freiwillig nicht die Hand bieten wird zur Zertrümmerung seines „Militarismus", so wird England ebenso wenig freiwillig die Hand bieten zum Verzicht auf die ausschlaggebende Suprematie. Es wird vielmehr bis zum letzten Augenblick mit ganzer Kraft für die Überwindung der U-Boot-Gefahr kämpfen und für die Erreichung eines Friedens, dessen reale Bedingungen die nötigen Garantien enthalten gegen die zukünftige Verwendung dieser und ähnlich gearteter Waffen, während umgekehrt die deutsche Freiheit der Meere die unbeschränkte Verwendung und Weiterentwicklung für alle Zukunft verlangt. Die Art und Weise der Durchkämpfung dieser Alternative entscheidet über Sieg und Niederlage in diesem Kriege. Die Regierungen der Mittelmächte haben sich in jedem Augenblicke zu Friedensverhandlungen bereit erklärt und wollen dem Gegner zu Diensten stehen, sobald er es wünscht, während dieser selbst es nicht tut. Dazu wird der Gegner aber in dem Augenblick bereit sein, sobald er seiner Niederlage gewiss ist, es aber noch nicht einzuräumen braucht. Dann tritt an Stelle des nicht durchgeführten Kampfes mit dem Schwert der gefährliche Kampf gegen List und verschlagene Berechnung, und dieser fällt dann auch die Entscheidung über die Freiheit der Meere. Im Falle der Niederlage aber wird England ohne Zweifel zum geschickt formulierten Verzicht auf die Aushungerung bereit sein, wenn es dadurch den deutschen Verzicht auf die Sperre erlangt unter möglichst weitgehenden internationalen Sicherheitsbestimmungen. Sir Edward Grey hatte einer solchen Eventualität bereits Rechnung getragen durch die an Amerika gerichtete Bemerkung, dass der Friedensbund nach dem Kriege die Ausgabe habe, im Falle der Rot den Frieden mit Gewalt durchzusetzen. Es müsse auch ein Abkommen über die Art der Kriegführung getroffen werden im Interesse der Menschlichkeit. Handelsschiffe dürften nicht versenkt werden. Jeder Staat, der von den Regeln abweiche, müsse als ein Feind der menschlichen Gesellschaft betrachtet werden. Diese Anregung ist in Amerika auf besonders fruchtbaren Boden gefallen, und Präsident Wilson hat den Friedensbund als Werkzeug dafür in Aussicht genommen. Anderseits hat die deutsche Regierung selbst den uneingeschränkten U-Boot-Krieg nur unter Begleitung einer Erklärung an den Präsidenten Wilson aufgenommen, dass es zu diesem Entschluss gezwungen worden sei, weil die Gegner den Kampf bis aufs äußerste wollten. Seit 2 1/2 Jahren missbrauche England seine Flottenmacht, Deutschland durch Hunger zur Unterwerfung zu zwingen. Es unterbinde in brutaler Weise den legitimen Handel. England aber verweigere die Rückkehr zum Völkerrecht und verharre auf dem unmenschlichen Aushungerungskriege. Ein souveränes, selbständiges, nicht erst durch Notwehr und Repressalie begründetes Recht zur Verhängung der Seesperre hat die deutsche Regierung bisher nicht in Anspruch genommen.

Es wird sehr schwer für Deutschland sein, wenn es sich erst in einem Verständigungsfrieden zu einem Verzicht auf den uneingeschränkten U-Boot-Krieg und zur vertraglichen Regelung der Waffen- und Humanitätsfrage verpflichtet hat, aus dem Bann der englischen Suprematie wieder herauszukommen. — Der von der Technik der Freiheit geöffnete Weg würde in der folgenschwersten Weise wieder verschlossen worden und die vom Schicksal gewährte Gunst zurückgestoßen sein. In diesem Krieg ist die Verkehrssperre mittels der uneingeschränkten Verwendung der U-Boote eine legitime Waffe gewesen. Wenn der vorerwähnte Fall eintritt, so wird sie das nicht mehr sein, auch nicht im Notfall, während es gerade eine der Aufgaben des deutschen Friedensschlusses ist, ihr dieses Ansehen in der Welt zu verschaffen. Die Rückkehr Englands zur Londoner Deklaration oder zu ähnlichen Abmachungen bedeutet für Deutschland, wenn es sich damit für befriedigt erklärt, nicht die Freiheit der Meere. Sie setzt vielmehr das Siegel unter die endgültige Unfreiheit. Nur durch einen entscheidenden Sieg kann die für Deutschlands Zukunft ausschlaggebende Freiheit gewonnen werden. Nicht durch Paragraphen und Abmachungen kann diese Freiheit gewonnen und gesichert werden, sondern nur durch die Freiheit der

Waffen. Für Deutschland sind Freiheit der Meere und Freiheit der Waffen gleichbedeutend. Beide sind miteinander eng verbunden und können voneinander nicht getrennt werden.

www.ingramcontent.com/pod-product-compliance
Ingram Content Group UK Ltd.
Pitfield, Milton Keynes, MK11 3LW, UK
UKHW042000190726
13854UKWH00005B/2091